La Naturaleza Multidimensional de la Realidad

Trascendiendo los Límites de la Mente Humana

Dan Desmarques

22 Lions

La Naturaleza Multidimensional de la Realidad: Trascendiendo los Límites de la Mente Humana

Escrito por Dan Desmarques

Índice

Introducción   VII

1. Capítulo 1: Los límites de la mente humana   1

2. Capítulo 2: El poder de la conciencia   5

3. Capítulo 3: La ilusión del mundo físico   9

4. Capítulo 4: Expansión de la conciencia   13

5. Capítulo 5: Los límites de la religión   17

6. Capítulo 6: La mecánica de las creencias   21

7. Capítulo 7: La trampa del ego   25

8. Capítulo 8: La importancia del equilibrio emocional   29

9. Capítulo 9: Los peligros del materialismo   33

10. Capítulo 10: La ilusión del libre albedrío   37

11. Capítulo 11: La naturaleza del karma   41

12. Capítulo 12: La importancia del autoconocimiento   45

13. Capítulo 13: La trampa de la ignorancia   49

14. Capítulo 14: El poder de la imaginación   53

15. Capítulo 15: La importancia de la responsabilidad   57

16. Capítulo 16: La trampa del apego   61

17. Capítulo 17: La importancia del discernimiento   65

18. Capítulo 18: La trampa del consumismo   69

19. Capítulo 19: La importancia de la soledad   73

20. Capítulo 20: El camino hacia la iluminación   77

21. Glosario de términos   81

22. Solicitud de Reseña de Libro   85

23. Sobre el autor   87

24. También escrito por el autor   89

25. Acerca del editor   99

Introducción

E mbárcate en un viaje profundo y transformador con «La Naturaleza Multidimensional de la Realidad: Trascendiendo los Límites de la Mente Humana», una exploración convincente de las intrincadas capas de la existencia y del papel de la mente humana en la navegación por este vasto paisaje. Con perspicacia, el autor investiga los límites de la mente humana, el poder de la conciencia, la ilusión del mundo físico, la naturaleza del karma, la importancia de la autoconciencia y el camino hacia la iluminación.

En estas páginas, los lectores descubrirán cómo la mente humana, a menudo limitada por sus percepciones lineales, se enfrenta al reto de comprender la naturaleza multidimensional de la realidad. Como un ordenador anticuado, nuestra mente puede flaquear cuando se enfrenta a la inmensidad de la existencia, lo que da lugar a una comprensión distorsionada de nuestras experiencias y del mundo que nos rodea. Esta limitación no es solo un defecto técnico, sino un aspecto fundamental de la conciencia humana que puede impedir el crecimiento personal y la evolución espiritual.

En «La Naturaleza Multidimensional de la Realidad» también se examina la dicotomía entre lo espiritual y lo material, y se explora el modo en que la búsqueda de validación externa puede crear una fachada de felicidad que enmascara sentimientos más profundos de soledad y desesperación. El libro subraya el papel de las emociones en la configuración de nuestra realidad y la importancia de reconocer y aceptar los aspectos más oscuros de nuestra naturaleza para lograr una verdadera transformación.

A través de perspicaces capítulos, el libro lleva a los lectores a un viaje de autodescubrimiento y les anima a cultivar una mentalidad que acepte el cambio y la incertidumbre. Destaca la interacción entre conocimiento y sabiduría, y subraya que la verdadera sabiduría procede de la experiencia vivida y de la capacidad de aplicar los conocimientos de forma significativa. También subraya la importancia de la comunidad y la conexión en la búsqueda de la iluminación espiritual.

En última instancia, «La Naturaleza Multidimensional de la Realidad» es una exploración profundamente personal y transformadora que requiere un compromiso con la introspección, la voluntad de afrontar verdades incómodas y la apertura al cambio. Al emprender este viaje, las personas pueden enfrentarse a obstáculos y contratiempos, pero estos retos son, a menudo, los catalizadores del crecimiento y la transformación. Al abrazar la complejidad de la existencia y cultivar una comprensión más profunda de uno mismo, los lectores pueden liberar su verdadero potencial y experimentar la riqueza de la vida.

Este libro es esencial para cualquiera que desee profundizar en su conocimiento de sí mismo y del universo. Es un recurso inestimable para quienes desean trascender sus limitaciones perceptivas y abrazar la naturaleza multidimensional de la realidad.

Entre los principales temas explorados se encuentran:

- Las limitaciones de la mente humana y la percepción lineal.

- El poder de la conciencia y la ilusión del mundo físico.

- La naturaleza del karma y la importancia de la autoconciencia.

- El papel de las emociones en la creación de la realidad.

- La dicotomía entre lo espiritual y lo material.

- El camino hacia la iluminación y el desarrollo personal.

- La interacción entre conocimiento y sabiduría.

- La importancia de la comunidad y la conexión.

Descubra los profundos conocimientos que le esperan en «La Naturaleza Multidimensional de la Realidad: Trascendiendo los Límites de la Mente Humana».

Capítulo 1: Los límites de la mente humana

L a mente humana tropieza a menudo con sus propias limitaciones cuando intenta comprender el universo. Percibe la realidad de forma lineal y limitada, debido principalmente a su comprensión innata del tiempo y la secuencia. Esta linealidad puede compararse con la de un viejo ordenador que tiene dificultades para procesar la naturaleza multidimensional de la existencia. Al igual que una máquina anticuada no puede hacer frente a cálculos complejos, nuestras mentes a menudo flaquean cuando se enfrentan a la inmensidad de la realidad, lo que da lugar a una comprensión distorsionada de nuestras experiencias y del mundo que nos rodea.

Esta limitación no es solo un fallo técnico, sino un aspecto fundamental de la conciencia. La mente tiende a categorizar y simplificar las experiencias, creando un marco que a menudo ignora las intrincadas conexiones y matices de la vida. Como resultado, las personas pueden verse atrapadas en ciclos de pensamientos y comportamientos repetitivos, incapaces de liberarse de los límites de su propia percepción. Este ciclo del pensamiento puede conducir a una sensación de estancamiento que obstaculiza el crecimiento personal y la evolución espiritual.

Además, la experiencia humana suele caracterizarse por una dicotomía entre lo espiritual y lo material. Muchas personas dan prioridad al éxito material y a la validación social frente a la realización espiritual, lo que les aleja de su verdadero yo. Esta desconexión se manifiesta a través de una falta de empatía, compasión y comprensión, que son esenciales para una verdadera conexión humana. La búsqueda de validación externa puede crear una fachada de felicidad que enmascare sentimientos más profundos de soledad y desesperación.

En este contexto, es esencial reconocer el papel que desempeñan las emociones en la configuración de nuestra realidad. Las emociones son fuerzas poderosas que influyen en nuestras elecciones y percepciones. Pueden impulsarnos hacia el crecimiento y la comprensión, o atraparnos en ciclos de negatividad y duda. El corazón, generalmente considerado el asiento de las emociones, posee una inteligencia que trasciende el pensamiento racional. Cuando las personas se dejan guiar por sus emociones, pueden alcanzar una comprensión más profunda de sí mismas y de su lugar en el universo.

El viaje hacia el autoconocimiento y el crecimiento espiritual requiere la voluntad de enfrentarse a las propias sombras interiores. Es esencial reconocer y aceptar los aspectos más oscuros de nuestra naturaleza, ya que a menudo son la clave de nuestra transformación. Al enfrentarnos a nuestros miedos e inseguridades, podemos empezar a derribar las barreras que nos impiden experimentar la verdadera conexión y el amor. Este proceso de autodescubrimiento no está exento de desafíos y requiere valentía y vulnerabilidad.

Mientras navegamos por las complejidades de la existencia, es fundamental cultivar una mentalidad que acepte el cambio y la incertidumbre. La vida es inherentemente impredecible y la capacidad de adaptarse a las nuevas circunstancias es una característica de la resiliencia. Quienes se aferran a creencias y expectativas rígidas suelen estar en desacuerdo con el flujo de la vida, lo que conduce a la frustración y la decepción. En cambio, las personas que permanecen abiertas a nuevas experiencias y perspectivas suelen ser más felices.

La interacción entre conocimiento y sabiduría es otro aspecto fundamental del crecimiento personal. Aunque el conocimiento es valioso, suele estar limitado por el contexto en el que se adquiere. La verdadera sabiduría, en cambio, procede de la experiencia vivida y de la capacidad de aplicar los conocimientos de forma significativa. Es a través de la integración del conocimiento y la experiencia que las personas pueden desarrollar una comprensión más profunda de sí mismas y del mundo.

En la búsqueda de la iluminación espiritual, es esencial reconocer la importancia de la comunidad y la conexión con los demás. Los seres humanos somos criaturas intrínsecamente sociales, y nuestras relaciones con los demás desempeñan un papel importante en la configuración de nuestras identidades y experiencias. Al fomentar conexiones genuinas con los demás, es posible crear un entorno de apoyo que promueva el crecimiento y la curación. Este sentimiento de pertenencia es esencial para superar los sentimientos de aislamiento y desesperación que pueden afligir a quienes se sienten desconectados del mundo que les rodea.

En última instancia, el viaje de autodescubrimiento y despertar espiritual es un proceso profundamente personal y transformador. Requiere un compromiso de introspección, la voluntad de afrontar verdades incómodas y la apertura al cambio. Al emprender este viaje, las personas pueden enfrentarse a obstáculos y contratiempos, pero estos retos son, a menudo, los catalizadores del crecimiento y la transformación. Al abrazar la complejidad de la existencia y cultivar una comprensión más profunda de sí mismas, pueden liberar su verdadero potencial y experimentar la riqueza de la vida.

Capítulo 2: El poder de la conciencia

La conciencia es un aspecto profundo e intrincado de la existencia humana que representa nuestra capacidad innata de reconocer las verdades universales que rigen nuestras vidas. Actúa como puente entre lo tangible y lo intangible, lo que permite al individuo navegar por las complejidades de la realidad con una comprensión más amplia. A diferencia de la mente, que suele operar dentro de los confines del pensamiento lineal y las nociones preconcebidas, la conciencia trasciende estas limitaciones y ofrece una visión más amplia de la existencia. Esta distinción es crucial, ya que pone de relieve el potencial transformador de la conciencia en la configuración de nuestra realidad.

En esencia, la conciencia no es solo un estado pasivo de percepción, sino una fuerza activa que influye en nuestras percepciones, elecciones y, en última instancia, en nuestras experiencias. Cuando las personas exploran su conciencia, empiezan a ver más allá de la superficie de sus circunstancias y reconocen la interconexión de todas las cosas. Esta toma de conciencia fomenta un sentimiento de unidad con el universo y permite una apreciación más profunda de la vida. A medida que cultivamos esta conciencia, nos volvemos más expertos en reconocer las pautas subyacentes que rigen nuestras experiencias y podemos afrontarlas con confianza y resiliencia.

Sin embargo, a menudo se malinterpreta la relación entre la conciencia y la mente. La mente es una herramienta poderosa para procesar información y tomar decisiones, pero también es propensa a prejuicios, miedos y limitaciones. En cambio, la conciencia opera desde un estado de claridad e intuición, y guía a las personas para que tomen decisiones acordes con su verdadero yo. Esta distinción es fundamental porque subraya la importancia de alinear los pensamientos y las acciones con la conciencia superior. Al permitir que nuestra conciencia nos guíe, podemos liberarnos del miedo y las dudas, y abrirnos a nuevas posibilidades y experiencias.

Además, el poder transformador de la conciencia va más allá de la experiencia individual, ya que tiene el potencial de influir en la realidad colectiva. A medida que más personas despiertan a su conciencia, contribuyen a un cambio en la conciencia colectiva, promoviendo un mundo más compasivo y comprensivo. Este efecto dominó puede provocar cambios profundos en las estructuras sociales, ya que la gente empieza a dar prioridad a la empatía, la cooperación y el amor frente al miedo y la división. Darse cuenta de que nuestros pensamientos y acciones tienen un impacto directo en el mundo que nos rodea es una poderosa motivación para la transformación personal y colectiva.

En este contexto, es esencial reconocer el papel de la intención en la configuración de nuestra realidad. La conciencia está intrínsecamente ligada a nuestras intenciones, ya que impulsa nuestras acciones. Cuando establecemos intenciones claras y positivas, nos alineamos con las verdades universales que rigen la existencia, lo que permite un flujo de energía más armonioso. Esta alineación no solo mejora nuestra experiencia personal, sino que también contribuye al bien común, ya que nuestras intenciones se extienden por todo el mundo e influyen en los demás de maneras de las que quizá ni siquiera seamos conscientes.

Cultivar la conciencia es un proceso continuo. Requiere paciencia, dedicación y un compromiso de autodescubrimiento. Prácticas como la meditación, la atención plena y la autorreflexión pueden ayudar en este viaje, ya que proporcionan las herramientas necesarias para aquietar la mente y conectar con los aspectos más profundos de nuestro ser. A medida que nos involucramos en estas prácticas, empezamos a despojarnos de las capas de condicionamiento y expectativas sociales, y revelamos nuestra verdadera esencia.

Capítulo 3: La ilusión del mundo físico

E l mundo físico, tal y como lo percibimos, suele compararse con una «ilusión» creada por la mente y reforzada por las percepciones colectivas. Esta perspectiva desafía nuestra comprensión fundamental de la realidad, sugiriendo que lo que vemos, tocamos y experimentamos no es una verdad absoluta, sino más bien una construcción moldeada por creencias compartidas e interpretaciones individuales. Las implicaciones de este punto de vista son profundas y nos invitan a cuestionar la naturaleza de nuestra existencia y la validez de nuestras experiencias.

El concepto de dicotomía es fundamental en este debate. La realidad está intrínsecamente compuesta de opuestos: luz y oscuridad, alegría y tristeza, amor y miedo. Estas dicotomías no son meros elementos de contraste, sino componentes esenciales de un todo mayor. Para comprender verdaderamente nuestra existencia, tenemos que aprender a integrar estos opuestos, reconociendo que coexisten y son interdependientes. Esta síntesis nos permite trascender las limitaciones impuestas por el pensamiento binario y alcanzar una visión más holística de la realidad. Desde esta perspectiva, podemos empezar a apreciar la complejidad de la vida y comprender que toda experiencia, positiva o negativa, contribuye a nuestro crecimiento y evolución.

La idea de que el mundo físico es una «manifestación esquizofrénica masiva» dificulta aún más nuestra comprensión de la realidad. Esta perspectiva sugiere que los pensamientos y creencias colectivos crean una realidad compartida que no refleja necesariamente la verdad objetiva. En este sentido, el mundo en que vivimos es como un escenario en el que cada persona desempeña un papel, influida por sus percepciones, miedos y deseos. El resultado es un tapiz caótico de experiencias, en el que los límites entre realidad e ilusión se difuminan. Este fenómeno puede llevarnos a desconectarnos de nuestro verdadero yo al quedar atrapados en narrativas construidas sobre normas y expectativas sociales.

Para navegar por este complejo escenario, es esencial cultivar la conciencia y el discernimiento. Al reconocer la influencia de nuestros pensamientos y creencias en nuestras percepciones, podemos empezar a desmantelar las ilusiones que nos aprisionan. Este proceso requiere introspección y la voluntad de enfrentarse a verdades ocultas e incómodas. Solo enfrentándonos a nuestros miedos y cuestionando nuestras suposiciones podremos liberarnos de las restricciones de la mente colectiva y reclamar nuestra individualidad.

Además, el viaje para comprender la ilusión del mundo físico no es solo un ejercicio intelectual, sino también un profundo esfuerzo emocional y espiritual. A medida que exploramos las profundidades de nuestra conciencia, podemos identificar resistencias tanto internas como externas. Esta resistencia suele manifestarse como miedo, duda e inseguridad, y puede impedir nuestro progreso. Sin embargo, es esencial reconocer que estas emociones forman parte de la experiencia humana y sirven como catalizadores del crecimiento. Si aceptamos nuestra vulnerabilidad y nos permitimos sentir, podemos convertir estos retos en oportunidades de curación y autodescubrimiento.

En este contexto, la conciencia desempeña un papel fundamental. Representa nuestra capacidad innata de reconocer las verdades universales que rigen la existencia, yendo más allá de las limitaciones de la mente. Es a través de la toma de conciencia como nos damos cuenta de la interconexión de todas las cosas y comprendemos que nuestros pensamientos y acciones se propagan por toda la realidad. Esta conciencia nos permite responsabilizarnos de nuestras experiencias y reconocer que no somos meras víctimas de las circunstancias, sino participantes activos en la creación de nuestra realidad.

A medida que profundizamos en la naturaleza del mundo físico, también tenemos que enfrentarnos a las estructuras sociales que perpetúan la ilusión. Muchas de estas estructuras tienen sus raíces en el miedo, el control y la manipulación, y su objetivo es mantener el statu quo y sofocar la expresión individual. Al cuestionar estos sistemas y promover el cambio, podemos contribuir a un despertar colectivo que conduzca a un mundo más compasivo y comprensivo. Esta transformación requiere valentía y resiliencia, ya que a menudo significa abandonar nuestras zonas de confort y afrontar la incertidumbre.

En última instancia, el viaje para comprender la ilusión del mundo físico es un proceso transformador que nos invita a explorar las profundidades de nuestra conciencia y la naturaleza de nuestra existencia. Al integrar las dicotomías que definen nuestra realidad y abrazar la complejidad de la vida, trascenderemos las limitaciones de la mente y despertaremos a una comprensión más profunda de nosotros mismos y del universo. Este despertar no es un punto final, sino un viaje continuo que requiere reflexión constante, crecimiento y el compromiso de vivir con autenticidad.

Capítulo 4: Expansión de la conciencia

La expansión de la conciencia suele considerarse la clave para comprender la verdadera naturaleza de la realidad. Este viaje no se limita a un esfuerzo intelectual, sino que representa una profunda transformación que permite ver el mundo más allá de las limitaciones impuestas por los condicionamientos sociales y los prejuicios personales. A medida que profundizamos en los entresijos de la conciencia, descubrimos las capas que definen nuestra existencia y el potencial de crecimiento que existe en cada uno de nosotros. El proceso de expansión de la conciencia nos invita a explorar las profundidades de nuestro ser y nos revela percepciones que pueden cambiar nuestra comprensión de la vida y nuestro papel en ella de forma fundamental.

En el centro de esta exploración está el reconocimiento de que existen diferentes niveles de conciencia en la sociedad. Estos niveles van de lo mundano, donde la gente suele estar atrapada en ciclos de miedo e ignorancia, a lo elevado, donde la conciencia trasciende lo mundano y abarca una comprensión más profunda de la existencia. Progresar hacia niveles superiores de conciencia no solo es beneficioso, sino esencial para la evolución personal y colectiva. A medida que las personas despiertan a su potencial, contribuyen a un efecto dominó que puede transformar la conciencia colectiva y promover una sociedad más compasiva e iluminada. Esta transformación no es instantánea; requiere dedicación, introspección y la voluntad de afrontar las verdades incómodas que llevamos dentro.

La espiritualidad desempeña un papel fundamental en este viaje de expansión de la conciencia. Sirve de guía y anima a las personas a buscar una conexión más profunda consigo mismas y con el universo. Las prácticas espirituales, como la meditación, la atención plena y la autorreflexión, proporcionan las herramientas necesarias para aquietar la mente y alcanzar estados superiores de conciencia. Estas prácticas permiten trascender las limitaciones del pensamiento lineal y ampliar la comprensión de la realidad. Al practicarlas, uno empieza a reconocer la interconexión de todas las cosas y desarrolla un sentido de unidad que trasciende los límites del yo.

Los sueños y el subconsciente también desempeñan un papel importante en este proceso. Los sueños actúan como un puente entre la mente consciente y la inconsciente, y proporcionan percepciones y revelaciones que no serían accesibles durante las horas de vigilia. Ofrecen una oportunidad única para la autoexploración, ya que permiten a las personas enfrentarse a sus miedos, deseos y problemas sin resolver en un entorno seguro. Prestar atención a los mensajes transmitidos a través de los sueños permite a las personas obtener información valiosa sobre su mundo interior, lo que facilita su crecimiento y transformación personales. A menudo ignorada, la mente subconsciente encierra la clave para comprender los aspectos más profundos de nuestro ser. Al embarcarnos en esta exploración, podemos descubrir las creencias y patrones que dan forma a nuestra realidad, lo que permite un enfoque más consciente e intencional de la vida.

Al embarcarnos en este viaje de expansión de nuestra conciencia, es esencial reconocer la importancia de conectar con una comunidad. Conectar con personas de ideas afines que comparten un compromiso con el crecimiento personal puede proporcionar un apoyo y un estímulo inestimables. Este sentimiento de pertenencia fomenta un entorno en el que las personas pueden explorar su conciencia sin miedo a ser juzgadas o ridiculizadas. En estos espacios, las ideas pueden florecer y la sabiduría colectiva puede emerger, enriqueciendo el viaje de todos los implicados. La experiencia compartida tiene un poder transformador, sirve de catalizador para el crecimiento e inspira a las personas a trascender sus limitaciones percibidas.

El viaje hacia la conciencia expandida requiere un enfoque holístico que integre mente, cuerpo y espíritu. Mantener la salud física mediante el ejercicio, la nutrición y el descanso proporciona la energía y la vitalidad necesarias para la introspección profunda y la exploración espiritual, lo que favorece la expansión de la conciencia. Del mismo modo, cultivar la inteligencia emocional y la resiliencia permite afrontar las complejidades de la vida con ecuanimidad. Este enfoque integrado garantiza que la expansión de la conciencia sea equilibrada y sostenible, y proporciona una existencia más armoniosa y gratificante.

Capítulo 5: Los límites de la religión

La religión, en sus diversas formas, ha servido durante mucho tiempo como fuerza guía para la humanidad, proporcionando un marco para comprender la existencia, la moralidad y lo divino. Sin embargo, un examen más detenido de la religión revela limitaciones inherentes que pueden atrapar a las personas en ciclos de creencias y comportamientos que impiden el crecimiento personal y la evolución espiritual. La Verdad que todo lo abarca, a menudo denominada el «Gran Arquitecto», trasciende las fronteras de cualquier fe y ofrece una comprensión más amplia de la existencia, invitando a las personas a explorar su espiritualidad más allá de los límites del dogma.

Un aspecto central de este debate es el reconocimiento de que las religiones suelen establecer estructuras rígidas que dictan creencias, prácticas y códigos morales. Aunque estas estructuras pueden proporcionar un sentimiento de comunidad y pertenencia, también pueden fomentar un ambiente de conformidad que desaliente el cuestionamiento y el pensamiento crítico. Las personas pueden adherirse a las creencias no por verdadera convicción, sino por presión social o miedo al ostracismo. Esta dinámica puede conducir a un estancamiento del crecimiento espiritual, ya que los adeptos quedan atrapados en ciclos de pensamiento que dan prioridad a la identidad de grupo sobre la exploración y la comprensión personales.

Además, las limitaciones de la religión pueden manifestarse en forma de patrones repetitivos que atrapan a las personas en ciclos de comportamiento y creencias que impiden su desarrollo espiritual. Estos ciclos suelen surgir de la falta de conciencia y comprensión de las verdades más profundas que sustentan la existencia. Cuando se les condiciona a aceptar creencias dogmáticas sin cuestionarlas, las personas pueden perpetuar, sin darse cuenta, ciclos de sufrimiento e ignorancia. Las mismas estructuras que deberían guiarles pueden convertirse en obstáculos que les impidan liberarse y realizar su verdadero potencial.

En cambio, el concepto del «Gran Arquitecto» encarna una comprensión más holística e integradora de la espiritualidad. Esta idea sugiere que existe una verdad universal que trasciende las limitaciones de cualquier religión y abarca diversas experiencias y creencias humanas. El Gran Arquitecto representa la interconexión de todas las cosas e invita a las personas a explorar su espiritualidad de un modo que honre sus experiencias únicas, al tiempo que reconoce la esencia compartida de la existencia. Esta perspectiva fomenta una visión más amplia de la espiritualidad que abraza la diversidad y promueve un sentimiento de unidad entre todos los seres.

El camino hacia la comprensión de las limitaciones de la religión y la aceptación de la verdad global del Gran Arquitecto requiere voluntad para enfrentarse a verdades incómodas. Requiere introspección y un compromiso con el crecimiento personal, ya que las personas deben estar dispuestas a cuestionar sus creencias y los sistemas que han dado forma a su comprensión del mundo. Este proceso puede resultar difícil, ya que suele implicar desmantelar viejas creencias y confrontarse con los miedos e inseguridades que surgen ante el cambio. Sin embargo, es a través de esta confrontación como las personas pueden empezar a liberarse de las limitaciones del dogma y recorrer un camino de verdadera evolución espiritual.

Además, las limitaciones de la religión también pueden provocar un sentimiento de división y conflicto entre distintas creencias. Cuando la gente se aferra firmemente a sus creencias, puede ver a los que tienen perspectivas diferentes como adversarios en lugar de compañeros que buscan la verdad. Esta mentalidad puede perpetuar ciclos de incomprensión y hostilidad, y dañar el potencial de un diálogo y una conexión genuinos. Por el contrario, abrazar la verdad inclusiva del Gran Arquitecto del Universo fomenta un sentimiento de unidad que trasciende las fronteras religiosas y anima a las personas a reconocer la humanidad común que nos une a todos.

Mientras navegamos por las complejidades de la existencia, es esencial cultivar una mentalidad que acepte el cambio y la incertidumbre. El camino hacia el despertar espiritual no es lineal, sino que está lleno de giros, desafíos y revelaciones. Al permanecer abiertos a nuevas experiencias y perspectivas, las personas pueden ampliar su comprensión de la espiritualidad y liberarse de las limitaciones impuestas por el dogma religioso. Esta apertura permite una conexión más profunda con uno mismo y con el universo, y proporciona una sensación de paz y plenitud que trasciende los límites de cualquier sistema de creencias.

Capítulo 6: La mecánica de las creencias

Las creencias son fuerzas poderosas que moldean nuestras percepciones y, en última instancia, influyen en nuestra realidad. Actúan como lentes a través de las cuales interpretamos nuestras experiencias e influyen en nuestros pensamientos, emociones y acciones. Sin embargo, la mecánica de las creencias también puede llevar a los grupos a aceptar con confianza conclusiones falsas, creando una mentalidad colectiva que puede diferir significativamente de la realidad objetiva. Este fenómeno pone de relieve la importancia de examinar críticamente nuestras creencias y reconocer su profundo impacto en nuestras vidas y en el mundo que nos rodea.

En el centro de este debate está la constatación de que las creencias no son meras convicciones personales, sino que suelen ser compartidas por grupos y constituyen la base de las identidades colectivas. Cuando las personas comparten un sistema de creencias, crean una dinámica poderosa que puede reforzar sus percepciones y validar sus experiencias. Este refuerzo colectivo puede proporcionar una sensación de seguridad y pertenencia, pero también puede crear un entorno en el que se marginen o rechacen las opiniones divergentes. El resultado es un grupo que afirma sus creencias con confianza, incluso ante pruebas contradictorias, lo que conduce a una visión distorsionada de la realidad con consecuencias de largo alcance.

Los sueños y aspiraciones de los visionarios a menudo chocan con el escepticismo de quienes están profundamente arraigados en sus creencias. Quienes se atreven a imaginar una realidad diferente pueden ver sus ideas rechazadas o ridiculizadas por quienes se resisten al cambio. Este rechazo puede ser desalentador, ya que suele derivarse del miedo a lo desconocido y de la reticencia a desafiar el statu quo. Mientras que los escépticos se aferran a sus narrativas familiares y encuentran consuelo en la certeza de sus creencias, el visionario, motivado por el deseo de cambio y crecimiento, puede sentirse aislado en su visión. Esta dinámica pone de relieve la tensión entre innovación y tradición, y la lucha de las personas por afirmar sus verdades en un mundo que valora más la conformidad que la creatividad.

Además, la mecánica de las creencias va más allá de la dinámica individual y de grupo, ya que también desempeña un papel importante en la configuración de las estructuras sociales y las normas culturales. Las creencias de una sociedad pueden dictar sus valores, su ética e incluso sus leyes. Cuando están arraigadas en el miedo, la ignorancia o los prejuicios, pueden perpetuar ciclos de discriminación e injusticia. En cambio, cuando las creencias se basan en la compasión, la comprensión y el compromiso con la verdad, pueden promover una sociedad más integradora y justa.

Esto resalta la responsabilidad que tienen las personas de examinar críticamente sus creencias y su impacto en la conciencia colectiva.

El reto consiste en reconocer que las creencias no son intrínsecamente verdaderas o falsas, sino interpretaciones subjetivas de la realidad. Esta subjetividad significa que las creencias pueden evolucionar y cambiar con el tiempo, influidas por nuevas experiencias, percepciones e información. El proceso de cuestionar y reevaluar nuestras creencias es esencial para el crecimiento personal y el desarrollo espiritual. Requiere voluntad para afrontar verdades incómodas y aceptar la incertidumbre inherente al cambio. De este modo, las personas pueden liberarse de las limitaciones impuestas por sistemas de creencias rígidos y abrirse a nuevas posibilidades.

En este contexto, queda claro el papel fundamental de la educación y la autoconciencia. La educación amplía nuestra comprensión del mundo y desafía nuestras nociones preconcebidas. Estimula el pensamiento crítico y fomenta un entorno en el que se pueden considerar diferentes perspectivas. La autoconciencia, por su parte, permite a las personas reconocer las creencias que conforman su realidad y discernir si esas creencias sirven a su bien mayor. Al cultivar tanto la educación como la autoconciencia, las personas se capacitan para navegar por las complejidades de las creencias y crear una realidad alineada con su verdadero yo.

Además, la mecánica de las creencias pone de relieve la intrincada interacción entre percepción y realidad. Nuestras creencias conforman nuestras experiencias e influyen en la forma en que interpretamos el mundo que nos rodea. Sin embargo, es importante permanecer vigilantes y abiertos de mente, reconociendo que las creencias pueden ser tanto fortalecedoras como limitadoras. Al cuestionar nuestras creencias y abrazar lo desconocido, podemos trascender las limitaciones de nuestra percepción y liberar nuestro potencial de crecimiento y transformación.

Capítulo 7: La trampa del ego

E l ego y la mente a menudo actúan como una trampa que puede desviar a las personas de su verdadera esencia y conciencia espiritual. Esta trampa se manifiesta a través de la necesidad constante de validación, la búsqueda del éxito material y el apego a las expectativas de la sociedad. Cuando las personas se dejan llevar por las construcciones del ego, pueden encontrarse atrapadas en un ciclo de confusión, insatisfacción y desconexión espiritual. Comprender la dinámica del ego es esencial para liberarse de sus restricciones y recuperar la autenticidad.

En esencia, el ego es una construcción mental que busca crear un sentido de identidad y separación de los demás. Se nutre de la comparación, la competencia y la necesidad de validación externa. Esta fijación en la identidad propia puede llevar a una percepción distorsionada de la realidad, en la que las personas dan prioridad a sus deseos y miedos en detrimento de su crecimiento espiritual. El ego suele hacer creer a las personas que su valor depende de sus logros, posesiones o estatus social, creando una falsa sensación de seguridad que, en última instancia, las hace sentirse vacías e insatisfechas. Esta ilusión puede ser especialmente insidiosa, ya que se disfraza de autoconservación y daña la esencia misma del ser humano.

Concentrarse en el ego y la mente puede llevar a la confusión y a la falta de conciencia espiritual. Cuando las personas están excesivamente preocupadas por sus pensamientos y emociones, pueden perder de vista las verdades más profundas que rigen la existencia. El parloteo incesante de la mente puede ahogar los susurros del alma y dificultar la conexión con la guía interior y la intuición. Esta desconexión puede conducir a una sensación de falta de propósito, ya que el individuo navega por la vida sin un sentido claro de dirección o propósito. La insistencia del ego en el control y la certeza puede exacerbar esta confusión, haciendo que las personas se aferren a creencias y patrones rígidos que ya no les sirven.

Además, el ego suele fomentar una sensación de aislamiento, haciendo que las personas se vean separadas de los demás. Esta separación puede manifestarse a través del juicio, el resentimiento y el miedo. Cuando las personas se perciben a sí mismas como entidades separadas, pueden tener dificultades para cultivar conexiones genuinas con los demás, lo que conduce a sentimientos de soledad y desesperación. La necesidad de superioridad del ego puede crear barreras para la empatía y la compasión, dificultando el desarrollo de relaciones significativas. La conciencia espiritual, en cambio, invita a las personas a reconocer su interconexión con todos los seres, lo que fomenta un sentimiento de unidad y pertenencia que trasciende las limitaciones del ego.

Liberarse de la trampa del ego exige un compromiso de autoconciencia e introspección. Requiere la voluntad de enfrentarse a las verdades incómodas que acechan bajo la superficie de la propia identidad. Este proceso suele implicar cuestionar creencias y suposiciones arraigadas, así como examinar las motivaciones subyacentes a los pensamientos y las acciones. Al cultivar una comprensión más profunda de la influencia del ego, las personas pueden empezar a derribar las barreras que les impiden experimentar su verdadero yo.

Las prácticas espirituales, como la meditación, la atención plena y la autorreflexión, pueden ser herramientas valiosas en este viaje. Estas prácticas ofrecen la oportunidad de calmar la mente y conectar con la propia esencia interior, lo que permite trascender las limitaciones impuestas por el ego. Mediante la práctica regular de estas prácticas, las personas pueden desarrollar un mayor sentido de la conciencia y discernir la voz del ego de los susurros del alma. Este discernimiento es crucial para navegar por las complejidades de la existencia y alcanzar el verdadero propósito.

Además, abrazar la vulnerabilidad y la autenticidad es esencial para superar la trampa del ego. Cuando las personas se muestran tal y como son sin máscaras de pretensión, crean espacio para las conexiones genuinas y la comprensión. Esta autenticidad fomenta un sentimiento de confianza y apertura que permite cultivar relaciones más profundas con uno mismo y con los demás. Al aceptar sus imperfecciones y reconocer su humanidad común, las personas pueden trascender los límites del ego y experimentar la riqueza de la vida en toda su complejidad.

Capítulo 8: La importancia del equilibrio emocional

En un mundo lleno de distracciones, retos y turbulencias emocionales, alcanzar el equilibrio emocional es fundamental para el crecimiento y la realización personales. La capacidad de gestionar las emociones con eficacia no solo aumenta el bienestar individual, sino que también fomenta unas relaciones más sanas y una vida más armoniosa. Comprender la dinámica del equilibrio emocional es esencial para cualquiera que desee vivir una vida con sentido, ya que sirve de base para todos los demás aspectos de la existencia.

En el centro del equilibrio emocional está el reconocimiento de que nuestras emociones son fuerzas poderosas que dan forma a nuestras experiencias y percepciones. Pueden impulsarnos hacia el crecimiento y la comprensión, o atraparnos en ciclos de negatividad y desesperación. El reto, por tanto, es cultivar un estado de equilibrio emocional que nos permita afrontar los retos de la vida con claridad y serenidad. Esto requiere un profundo conocimiento de uno mismo, incluida la capacidad de reconocer y comprender las propias emociones sin dejarse abrumar por ellas. Cuando las personas aprenden a observar sus estados emocionales sin juzgarlos, pueden cultivar una sensación de paz interior que trasciende las circunstancias externas.

La disciplina y el autocontrol son componentes esenciales para alcanzar el equilibrio emocional. Estas cualidades permiten a las personas gestionar sus reacciones ante diversos estímulos, respondiendo de forma mesurada y no impulsiva. Practicar la autodisciplina implica establecer y mantener límites, incluso ante la tentación o la agitación emocional. Este compromiso con la autorregulación fomenta un sentimiento de empoderamiento a medida que las personas aprenden a tomar el control de sus respuestas emocionales, en lugar de permitir que estas dicten sus acciones. De este modo, la disciplina se convierte en una herramienta de transformación personal que permite a las personas liberarse de patrones destructivos y cultivar una visión más positiva de la vida.

Las emociones positivas son fundamentales para fomentar el equilibrio emocional y el bienestar. Cuando las personas cultivan conscientemente sentimientos de gratitud, alegría y amor, crean una reserva de energía positiva que les sostiene en los momentos difíciles. Esta práctica no solo mejora el estado emocional, sino que también tiene un profundo efecto en la salud física. Los estudios han demostrado que las emociones positivas se asocian a niveles de estrés más bajos, a una mejor función inmunitaria y a una mayor longevidad. Al dar prioridad a las experiencias emocionales positivas, las personas pueden mejorar significativamente su calidad de vida y desarrollar resiliencia ante la adversidad.

Además, el equilibrio emocional está relacionado con el concepto de autoconciencia. El viaje hacia el equilibrio emocional comienza con una exploración profunda del propio mundo interior. Este proceso implica examinar las creencias, los valores y las experiencias que conforman las respuestas emocionales. Al cultivar la autoconciencia, las personas pueden identificar los desencadenantes que conducen a la desregulación emocional y desarrollar estrategias eficaces para gestionarlos. Esta conciencia ampliada permite comprender con mayor profundidad el paisaje emocional, lo que facilita a las personas navegar por sus emociones con mayor facilidad y confianza.

La importancia del equilibrio emocional va más allá del individuo y tiene implicaciones de largo alcance para las relaciones y las comunidades. Cuando las personas están emocionalmente equilibradas, se relacionan con los demás de forma más compasiva y empática. La inteligencia emocional fomenta conexiones más profundas y mejora la comunicación, creando un efecto dominó que puede transformar las relaciones y las comunidades. Por otra parte, cuando las personas están emocionalmente desreguladas, pueden contribuir inadvertidamente a conflictos y malentendidos, perpetuando ciclos de negatividad y desconexión.

Para cultivar el equilibrio emocional, es fundamental adoptar prácticas que nutran la mente y el cuerpo. El ejercicio regular, una dieta equilibrada y un sueño adecuado son fundamentales para mantener el bienestar emocional. Además, participar en actividades creativas, pasar tiempo en la naturaleza y cultivar relaciones de apoyo pueden contribuir a un estado emocional más equilibrado. Al incorporar estas prácticas a la vida cotidiana, las personas pueden construir una base sólida para alcanzar el equilibrio emocional.

Capítulo 9: Los peligros del materialismo

El materialismo, caracterizado por una excesiva atención a los bienes externos y a la validación, plantea riesgos significativos para el crecimiento espiritual y la realización personal. En una sociedad que a menudo equipara el éxito con la riqueza material, las personas pueden verse atrapadas en un ciclo de consumismo y comparación que conduce a una profunda desconexión de su verdadero yo. Esta fijación en lo externo puede oscurecer las verdades más profundas de la existencia e impedir, en última instancia, el viaje hacia la verdadera felicidad y la iluminación espiritual.

En resumen, el materialismo promueve una mentalidad que prioriza los logros tangibles sobre el desarrollo interior. Cuando las personas miden su valía por las posesiones que acumulan o el estatus que alcanzan, corren el riesgo de perder de vista los valores intrínsecos que contribuyen a una vida plena. Esta validación externa es un arma de doble filo: aunque puede proporcionar satisfacción temporal, a menudo conduce a una existencia vacía, marcada por la ansiedad y la insatisfacción. La búsqueda incesante de riqueza material puede crear una sensación de vacío, ya que las personas se dedican a perseguir placeres fugaces en lugar de alimentar su esencia espiritual.

Los peligros del materialismo se ven agravados por las presiones sociales que refuerzan esta mentalidad. En una cultura que glorifica la riqueza y el éxito, la gente puede sentirse obligada a ajustarse a estos ideales, sacrificando sus valores y aspiraciones en el proceso. Esta presión puede provocar una desconexión con el yo auténtico, ya que las personas dan prioridad a las expectativas de la sociedad sobre sus propios deseos y pasiones. El resultado es un sentimiento general de insatisfacción, ya que las personas se esfuerzan por comprender que los logros externos no son sinónimo de realización.

La verdadera felicidad y realización, como subrayan muchas enseñanzas espirituales, provienen del interior. Esta fuente interior de alegría tiene sus raíces en la autoconciencia, la aceptación de uno mismo y una profunda conexión con los valores y el propósito de cada uno. Cuando las personas cultivan una sensación de paz interior y satisfacción, dependen menos de la validación externa y de los bienes materiales para sentirse valoradas. Este cambio de perspectiva permite comprender de manera más profunda el significado de vivir una vida plena, alineada con la verdadera esencia de cada uno y no dictada por las normas sociales.

Además, el viaje hacia la realización interior suele requerir un esfuerzo consciente para desprenderse de los deseos materialistas. Este desapego no implica rechazar las posesiones materiales, sino reconocer que la verdadera felicidad trasciende el ámbito físico. Al reconocer que las posesiones externas son temporales y, en última instancia, insatisfactorias, las personas pueden centrarse en cultivar su crecimiento espiritual y su bienestar emocional. Este proceso implica cultivar la gratitud por lo que se tiene, cultivar relaciones significativas y participar en actividades que promuevan el desarrollo personal y el autoconocimiento.

En este contexto, la atención plena puede ser especialmente beneficiosa. Al cultivar la conciencia del momento presente, las personas aprenden a apreciar la riqueza de sus experiencias sin apegarse demasiado a los resultados materiales. La atención plena promueve una conexión más profunda con los pensamientos y las emociones, y permite a las personas observar sus deseos sin juzgarlos. Esta conciencia puede ayudar a romper el ciclo del materialismo y permitirles tomar decisiones conscientes acordes con sus valores y aspiraciones.

Además, adoptar una mentalidad de abundancia puede neutralizar los efectos negativos del materialismo. Al pasar de la escasez a la abundancia, las personas empiezan a reconocer las oportunidades y experiencias que tienen a su alcance. Esta perspectiva fomenta un sentimiento de empoderamiento, ya que las personas se dan cuenta de que su felicidad no depende de circunstancias externas, sino de su capacidad para crear sentido y alegría en sus vidas. Al cultivar una mentalidad de abundancia, las personas pueden liberarse de las limitaciones impuestas por el materialismo y abrirse a un mundo de posibilidades.

Además, los peligros del materialismo van más allá del individuo y afectan a las estructuras sociales y al medio ambiente. La búsqueda incesante de la riqueza material puede conducir a la explotación de los recursos, la degradación del medio ambiente y la desigualdad social. A medida que las personas sean más conscientes de la naturaleza interconectada de la existencia, podrán tomar decisiones más conscientes, dando prioridad a la sostenibilidad y al bienestar de todos. Este cambio de conciencia es esencial para crear un mundo más justo y armonioso.

Capítulo 10: La ilusión del libre albedrío

A unque el concepto de libre albedrío suele celebrarse como la máxima expresión de la autonomía humana, un examen más profundo revela que nuestra libertad percibida puede ser más ilusoria de lo que nos gustaría admitir. Las decisiones que tomamos y los dilemas a los que nos enfrentamos pueden verse como parte de una compleja interacción de fuerzas que desafía nuestra comprensión de la agencia y la responsabilidad personal.

En este debate, es fundamental reconocer que muchas de nuestras decisiones están influidas por una serie de factores que escapan a nuestro control consciente. El condicionamiento cultural, las expectativas sociales y las experiencias personales moldean nuestras percepciones y elecciones, haciéndonos creer que actuamos de forma independiente, cuando en realidad respondemos a estímulos externos e internos. Esta dinámica crea la ilusión del libre albedrío y oculta las fuerzas subyacentes que guían nuestras acciones. La idea del libre albedrío puede resultar especialmente atractiva porque permite a las personas mantener una sensación de control sobre sus vidas, incluso cuando ese control es en gran medida una ilusión.

Sin embargo, el verdadero libre albedrío está estrechamente ligado al concepto de responsabilidad. Cuando las personas son conscientes de que sus elecciones no son simplemente el producto de influencias externas, sino que reflejan sus valores e intenciones, empiezan a comprender el peso de sus decisiones. Esta conciencia fomenta el sentido de la responsabilidad, ya que las personas son conscientes de que sus acciones tienen consecuencias que van más allá de las circunstancias inmediatas. En este contexto, el libre albedrío se convierte en una poderosa herramienta de crecimiento y transformación personal, ya que permite a las personas alinear sus elecciones con su auténtico yo.

Por otro lado, cuando falta la responsabilidad, el futuro tiende a ser más predecible. Las personas que renuncian a su responsabilidad suelen caer en patrones de comportamiento que perpetúan ciclos de insatisfacción e infelicidad. Al no reconocer el impacto de sus elecciones, quedan atrapadas en una mentalidad determinista en la que sus vidas están dictadas por circunstancias externas más que por su propia voluntad. Esta falta de responsabilidad no solo ahoga el crecimiento personal, sino que también contribuye a un sentimiento de impotencia y desesperación, ya que las personas se dan cuenta de que no tienen ningún control sobre su destino.

La interacción entre libre albedrío y responsabilidad se complica aún más por el condicionamiento social. Muchas personas se crían en una estructura que prioriza la conformidad y la adhesión a las normas establecidas, a menudo en detrimento de la búsqueda de la autenticidad personal. Este condicionamiento puede crear una desconexión entre los verdaderos deseos de una persona y las decisiones que toma, lo que lleva a una vida que se siente insatisfecha y desalineada. En estos casos, la ilusión del libre albedrío se convierte en un mecanismo de autoengaño, ya que las personas se convencen de que están tomando decisiones, cuando en realidad solo están siguiendo el camino marcado por las expectativas de la sociedad.

Para comprender las complejidades del libre albedrío y la responsabilidad, las personas deben cultivar la autoconciencia y la introspección. Este proceso implica examinar las creencias y valores que subyacen a las elecciones de una persona y reconocer las influencias externas que pueden moldearlas. Mediante esta práctica reflexiva, las personas pueden empezar a discernir la diferencia entre las elecciones que surgen de un deseo genuino y las motivadas por presiones externas. Esta distinción es fundamental para recuperar la autonomía personal y alinear las acciones con el verdadero yo.

Además, adoptar el concepto de interconexión puede mejorar nuestra comprensión del libre albedrío. Cuando las personas reconocen que sus decisiones no se toman de forma aislada, sino dentro de una red de relaciones e influencias, pueden empezar a apreciar las implicaciones más amplias de sus acciones. Esta conciencia fomenta un sentido de empatía y compasión, ya que las personas se dan cuenta de que sus elecciones no solo pueden afectar a sus propias vidas, sino también a las de otras personas. De este modo, el verdadero libre albedrío se convierte en un esfuerzo colectivo en el que las personas están capacitadas para tomar decisiones que contribuyan a un bien mayor.

Capítulo 11: La naturaleza del karma

A menudo, se malinterpreta el karma como un concepto puramente metafísico, restringido a los ámbitos de la espiritualidad y el misticismo. Sin embargo, es fundamentalmente una ley espiritual que puede observarse en la estructura de la historia y la experiencia humanas. Esta ley opera sobre el principio de que toda acción tiene consecuencias, moldeando no solo los destinos individuales, sino también la trayectoria colectiva de las sociedades. Entender el karma en este contexto nos permite ver sus profundas implicaciones para nuestras vidas y el mundo que nos rodea.

En esencia, el karma encarna la idea de que nuestras acciones, pensamientos e intenciones crean ondas que se extienden mucho más allá de nuestras circunstancias inmediatas. Cada decisión que tomamos contribuye a un tapiz más amplio de causa y efecto que afecta no solo a nuestras vidas, sino también a las de otras personas. Esta interconexión subraya la importancia de prestar plena atención a nuestras acciones, considerando las posibles consecuencias de nuestras elecciones. Al actuar con conciencia e intención, nos alineamos con el flujo natural del karma, promovemos resultados positivos y contribuimos a una existencia más armoniosa.

Por otro lado, ignorar o denigrar aquello con lo que no nos identificamos puede conducir al conflicto y a la división. Este fenómeno se produce cuando individuos o grupos rechazan aspectos de la realidad que les resultan incómodos o amenazadores. Al distanciarse de estos elementos, crean inadvertidamente divisiones que pueden convertirse en conflictos. La historia está llena de ejemplos de sociedades que hicieron la vista gorda ante las injusticias o los grupos marginados y, como resultado, acabaron enfrentándose a la confusión. Negarse a reconocer la interconexión de todos los seres puede conducir a ciclos de violencia y sufrimiento, y perpetuar un ciclo kármico difícil de romper.

Los efectos del karma van más allá de las acciones individuales y afectan a la conciencia colectiva de la humanidad. Cuando las sociedades ignoran colectivamente el sufrimiento de los demás o perpetúan sistemas de opresión, provocan repercusiones kármicas que pueden manifestarse de diversas formas, como malestar social, inestabilidad económica y degradación medioambiental. Esta interconexión nos recuerda que nuestras decisiones, tanto individuales como colectivas, tienen consecuencias duraderas. Fomentando el sentido de la empatía y la compasión, es posible empezar a romper los ciclos de negatividad y construir un mundo más justo y equitativo.

Además, reconocer el karma como una ley espiritual nos invita a asumir la responsabilidad de nuestros actos. Esta responsabilidad no se limita a reconocer las consecuencias de nuestras elecciones, sino que también implica participar activamente en el proceso de transformación. Cuando reconocemos que nuestras acciones dan forma a nuestra realidad, nos capacitamos para tomar decisiones conscientes acordes con nuestros valores y aspiraciones. Este cambio de perspectiva nos permite trascender la condición de víctimas y asumir nuestro papel de cocreadores de nuestras experiencias.

El viaje hacia la comprensión del karma también implica enfrentarnos a nuestras sombras interiores. Tenemos que estar dispuestos a examinar nuestras creencias, prejuicios y miedos, porque estas dinámicas internas suelen influir en nuestras acciones externas. Al emprender este proceso de autorreflexión, podemos empezar a desmantelar las barreras que nos impiden abrazar plenamente nuestra interconexión con los demás. La introspección proporciona una comprensión más profunda de nuestras motivaciones y deseos, lo que nos permite actuar con mayor integridad y autenticidad.

En este contexto, la práctica de la compasión se convierte en un poderoso antídoto contra los efectos negativos del karma. Cuando cultivamos la compasión por nosotros mismos y por los demás, creamos un espacio para la curación y la comprensión. Esta práctica no solo mitiga los efectos del karma negativo, sino que también genera energía positiva que puede extenderse por nuestras vidas y las de quienes nos rodean. Al actuar con amabilidad y empatía, contribuimos a un cambio colectivo hacia una existencia más armoniosa.

Además, comprender el karma nos anima a adoptar una perspectiva a largo plazo. Aunque nuestras acciones y sus consecuencias no siempre son evidentes de inmediato, invariablemente dan forma a nuestras experiencias futuras. Esta conciencia nos invita a considerar las implicaciones a largo plazo de nuestras elecciones y fomenta la paciencia y la perseverancia. Al centrarnos en el panorama general, podemos tomar decisiones que no solo son convenientes, sino que también están en consonancia con nuestros valores más profundos y con el bien mayor.

Capítulo 12: La importancia del autoconocimiento

E l autoconocimiento es la piedra angular del verdadero conocimiento y actúa como puerta de acceso a una comprensión y un entendimiento más profundos. A través del autoconocimiento empezamos a reconocer la realidad de nuestras circunstancias, emociones y pensamientos. Este reconocimiento no es un mero ejercicio intelectual, sino un proceso experiencial que requiere una profunda implicación con nuestros sentimientos y percepciones. Solo cuando podemos sentir la esencia de un asunto empezamos a comprender su significado y sus implicaciones para nuestras vidas.

El viaje hacia el autoconocimiento es un reto, ya que requiere voluntad para afrontar verdades incómodas sobre uno mismo. Muchas personas viven la vida con una comprensión superficial de sus motivaciones y deseos, a menudo influidas por estímulos externos y expectativas sociales. Esta falta de introspección puede llevar a una desconexión con el yo auténtico, lo que resulta en una vida que se siente insatisfactoria y desalineada. Sin embargo, al cultivar la autoconciencia, las personas pueden liberarse de estas restricciones y descubrir su verdadera naturaleza y propósito.

Las estructuras de la realidad se forman intrínsecamente a partir de los conceptos que poseen las personas. La percepción que cada persona tiene del mundo está moldeada por sus creencias, experiencias y condicionamientos culturales. Esto significa que nuestra comprensión de la realidad es inherentemente subjetiva, influida por las lentes a través de las cuales vemos el mundo. Si no reconocemos el papel que desempeñan nuestras creencias en la configuración de nuestra realidad, corremos el riesgo de quedarnos anclados en una perspectiva limitada, que obstaculiza nuestro crecimiento y comprensión. La autoconciencia nos permite examinar críticamente nuestras creencias y discernir cuáles nos sirven y cuáles pueden estar perjudicándonos.

Además, la autoconciencia promueve una comprensión más profunda de nuestro paisaje emocional. Las emociones son fuerzas poderosas que pueden influir de manera significativa en nuestros pensamientos y acciones. Cuando cultivamos la autoconciencia, estamos más en sintonía con nuestras respuestas emocionales, lo que nos permite navegar por ellas con mayor facilidad y claridad. Esta inteligencia emocional es esencial para el crecimiento personal, ya que nos permite afrontar los retos con resiliencia y adaptabilidad. Al reconocer la interacción entre nuestras emociones y creencias, podemos empezar a desentrañar la complejidad de nuestro mundo interior y allanar el camino hacia la transformación y la curación.

El proceso de desarrollo de la autoconciencia también implica un compromiso con la introspección y la reflexión. Esta práctica anima a las personas a examinar sus pensamientos, sentimientos y comportamientos sin juzgarlos. La autorreflexión y el autoconocimiento son herramientas poderosas que pueden facilitar este proceso y ofrecen a las personas el espacio para explorar su paisaje interior. Mediante estas prácticas, comprendemos nuestras motivaciones y deseos, lo que nos permite tomar decisiones más conscientes y acordes con nuestro verdadero yo.

Además, el autoconocimiento aumenta nuestra capacidad de conectar con los demás. Cuando nos comprendemos mejor a nosotros mismos, nos volvemos más empáticos y compasivos con las personas que nos rodean. Esta conexión emocional fomenta unas relaciones más sanas, ya que aprendemos a comunicarnos de forma abierta y auténtica. Al reconocer nuestra humanidad común, cultivamos un sentimiento de pertenencia y comunidad que trasciende las diferencias individuales. Esta interconexión es esencial para el crecimiento personal y colectivo, ya que nos anima a apoyarnos mutuamente en nuestros viajes de autodescubrimiento.

Además de mejorar las relaciones personales, la autoconciencia también desempeña un papel clave en nuestra vida profesional. Las personas con altos niveles de autoconciencia suelen ser líderes y colaboradores más eficaces. Están mejor preparadas para afrontar las complejidades de la dinámica interpersonal y fomentar un entorno de confianza y respeto. Esta inteligencia emocional les permite inspirar y motivar a los demás, generando un impacto positivo en sus organizaciones y comunidades.

El autoconocimiento también nos ayuda a superar retos y contratiempos. Cuando estamos en sintonía con nuestro interior, comprendemos mejor nuestras reacciones ante situaciones difíciles y podemos tomar decisiones más informadas sobre cómo reaccionar. La autoconciencia nos permite afrontar los retos con claridad y determinación, lo que nos permite crecer y aprender de nuestras experiencias.

Además, la autoconciencia está estrechamente relacionada con el crecimiento y la transformación personales. A medida que profundizamos en nuestro conocimiento, somos más conscientes de las áreas en las que necesitamos crecer y desarrollarnos. Esta conciencia nos permite fijar objetivos significativos y dar pasos intencionados hacia nuestra mejora. Al abrazar el proceso de autodescubrimiento, podemos liberar todo nuestro potencial y vivir una vida más plena y con un propósito.

Capítulo 13: La trampa de la ignorancia

A menudo disfrazada de conocimiento, la ignorancia constituye una importante barrera para la verdadera comprensión y el autoconocimiento. Esta falta de percepción puede conducir a una visión distorsionada de la realidad, en la que las personas se desconectan de su verdadero yo y del mundo que les rodea. En este estado, las personas viven como si estuvieran «dormidas», guiadas por el instinto y los acontecimientos aleatorios, y confiando en la suerte, la fortuna y el destino. Esta dependencia de fuerzas externas no solo disminuye la capacidad de acción personal, sino que perpetúa un ciclo de desilusión y desesperación.

En el fondo, la ignorancia es la incapacidad de reconocer las verdades profundas que rigen la existencia. Es un estado en el que el individuo es incapaz de distinguir la percepción del conocimiento, y a menudo confunde lo superficial con lo esencial. Esta confusión conduce a una vida dictada por la validación externa y las normas sociales, en lugar de a una auténtica exploración del yo interior. El resultado es una conciencia colectiva no solo estancada, sino también regresiva, aferrada a creencias y miedos anticuados que inhiben el crecimiento.

En este contexto, la búsqueda del conocimiento puede ser un arma de doble filo. Aunque el conocimiento es esencial para el desarrollo personal, a menudo se utiliza indebidamente como herramienta para reforzar el ego, en lugar de promover la iluminación. Muchas personas acumulan información sin la capacidad de aplicarla de forma significativa, lo que da lugar a una comprensión superficial de realidades complejas. Este fenómeno se ve exacerbado por una cultura que valora más los elogios y el reconocimiento que la sabiduría y la comprensión auténticas. Irónicamente, quienes buscan mejorar su estatus a través del conocimiento a menudo se encuentran atrapados en un ciclo de ignorancia, incapaces de liberarse de las limitaciones de sus propios conceptos erróneos.

Además, las estructuras sociales que fomentan la ignorancia están profundamente arraigadas. Se nutren del miedo colectivo al cambio y a lo desconocido, y mantienen a la gente atrapada en paradigmas familiares pero limitantes. Este miedo se manifiesta de diversas formas, como la reticencia a cuestionar las normas establecidas y la tendencia a ajustarse a las expectativas de los demás. Como resultado, muchas personas se convierten en prisioneras de sus propias creencias, incapaces de ver más allá de las respuestas condicionadas. El reto consiste en reconocer que la verdadera libertad nace del valor de enfrentarse a esos miedos y aceptar la incomodidad del crecimiento.

El viaje hacia el autoconocimiento está lleno de obstáculos, pero es esencial para romper las cadenas de la ignorancia. Requiere voluntad para hacer una introspección y enfrentarse a las verdades incómodas que existen en nuestro interior. Este proceso no es solo un ejercicio intelectual, sino un profundo viaje emocional que exige vulnerabilidad y honestidad. Cuando las personas empiezan a despojarse de las capas de su yo condicionado, a menudo se encuentran con resistencias internas y externas. Esta resistencia puede manifestarse a través de la duda en uno mismo, de la resistencia de la sociedad o del miedo a perder la propia identidad.

Sin embargo, es a través de esta lucha como las personas pueden cultivar una comprensión más profunda de sí mismas y de su papel en el universo. Cuestionar las propias creencias y suposiciones es un poderoso catalizador del cambio. Abre la puerta a nuevas perspectivas y posibilidades, y permite a las personas trascender las limitaciones impuestas por la ignorancia. Desde esta perspectiva, la ignorancia no es solo una falta de conocimiento, sino una fuerza activa que moldea las percepciones y las experiencias, lo que a menudo conduce al autosabotaje y a la pérdida de oportunidades.

Al embarcarse en este viaje de autodescubrimiento, las personas también deben reconocer la interconexión que existe entre todos los seres. Darse cuenta de que las acciones y pensamientos de uno afectan a los demás y al mundo fomenta un sentido de responsabilidad hacia los demás y el mundo. Esta conciencia es clave para desmantelar las narrativas impulsadas por el ego que perpetúan la ignorancia y la división. Al abrazar la empatía y la compasión, las personas pueden empezar a llenar los vacíos creados por la ignorancia y promover una existencia más armoniosa.

Capítulo 14: El poder de la imaginación

La imaginación es una fuerza profunda que da forma a nuestra realidad y actúa como puente entre lo abstracto y lo concreto. El dicho «lo que podemos imaginar, lo podemos ver y experimentar» subraya el potencial transformador de nuestros pensamientos y sueños, que están estrechamente vinculados al orden universal. La capacidad de imaginar posibilidades más allá de nuestras circunstancias actuales no es un mero ejercicio: es un aspecto fundamental de la existencia humana que puede conducir a un cambio y un crecimiento significativos.

En esencia, la imaginación sirve de catalizador para la innovación y la creatividad. Nos permite trascender las limitaciones del entorno inmediato y explorar reinos del pensamiento que de otro modo serían inaccesibles. Al utilizar la imaginación, aprovechamos una reserva de potencial que puede inspirar nuevas ideas, soluciones y perspectivas. Este proceso no se limita a las actividades artísticas, sino que impregna todos los aspectos de la vida, desde los descubrimientos científicos hasta el desarrollo personal. El acto de imaginar es, por tanto, una habilidad esencial que puede cultivarse y utilizarse para provocar cambios en nuestras vidas y en el mundo que nos rodea.

Además, la conexión entre imaginación y sueños es fundamental para comprender cómo podemos transformar nuestra realidad. Los sueños, que se manifiestan durante el sueño o al despertar, son el reflejo de nuestros deseos y miedos más profundos. Proporcionan una ventana a nuestro subconsciente y revelan lo que realmente valoramos y deseamos. Al reconocer y alimentar estos sueños, nos alineamos con el orden universal que, por naturaleza, apoya el crecimiento y la evolución. Esta alineación es fundamental, ya que nos permite navegar por las complejidades de la vida con un sentido de propósito y dirección.

El poder transformador de la imaginación se potencia aún más cuando reconocemos que no es un esfuerzo solitario. Nuestros pensamientos y sueños resuenan en la conciencia colectiva, influyendo y siendo influidos por las energías de quienes nos rodean. Esta interconexión significa que nuestras creaciones imaginativas pueden tener efectos de largo alcance, no solo en nuestras propias vidas, sino también en las de los demás. Al compartir nuestras visiones y colaborar con personas de ideas afines, creamos una sinergia que puede impulsarnos hacia nuestros objetivos con más eficacia que si estuviéramos solos.

Sin embargo, es importante abordar la imaginación con responsabilidad. Los pensamientos que cultivamos y los sueños que perseguimos pueden ayudarnos o entorpecer nuestro progreso. Las imágenes negativas, arraigadas en el miedo o la duda, pueden manifestarse como autosabotaje y alejarnos de nuestro verdadero potencial. Por otro lado, las imágenes positivas, alimentadas por la esperanza y la determinación, pueden servirnos de guía, iluminando el camino hacia nuestras aspiraciones. En este contexto, la atención plena resulta fundamental. Al dirigir conscientemente nuestros pensamientos y centrarnos en resultados constructivos, podemos aprovechar el poder de la imaginación para crear una realidad que refleje nuestros ideales más elevados.

En este viaje de transformación, también es importante aceptar los retos que surjan. Cada obstáculo es una oportunidad para crecer, y nuestra imaginación puede ayudarnos a ver estos retos como peldaños en lugar de obstáculos. Cuando nos enfrentamos a dificultades, podemos utilizar nuestra imaginación para encontrar soluciones y caminos alternativos. Este enfoque proactivo no solo nos da poder, sino que también desarrolla la resiliencia, permitiéndonos afrontar los altibajos de la vida con gracia y confianza.

Además, el acto de soñar está intrínsecamente ligado al concepto de potencial. Todo lo que soñamos, podemos ser; todo lo que imaginamos de nosotros mismos, podemos llegar a ser. Esta noción subraya la importancia de alimentar nuestros sueños y permitir que evolucionen. A medida que crecemos y cambiamos, nuestras aspiraciones también deben evolucionar. Al permanecer abiertos a nuevas posibilidades y dispuestos a adaptar nuestras visiones, nos aseguramos de que nuestras búsquedas imaginativas sigan siendo pertinentes y acordes con nuestro yo en constante cambio.

En última instancia, el poder de la imaginación reside en su capacidad para trascender lo ordinario y conectarnos con lo extraordinario. Nos invita a explorar las profundidades de nuestra creatividad e imaginar una realidad que refleje nuestra verdadera esencia. En un mundo a menudo restringido por las limitaciones, la imaginación actúa como un faro de esperanza, recordándonos que somos capaces de crear una realidad que refleje nuestros deseos y aspiraciones más profundos.

Capítulo 15: La importancia de la responsabilidad

La responsabilidad es un pilar del desarrollo personal y del crecimiento espiritual, ya que sirve de vínculo entre nuestras acciones y sus consecuencias. Asumir la responsabilidad de nuestros actos no es solo una obligación, sino un proceso transformador que nos permite ejercer dominio sobre lo que escapa a nuestro control. Este acto de asumir responsabilidades es esencial para fomentar un sentido de agencia en nuestras vidas, permitiéndonos navegar por las complejidades de la vida con claridad y propósito. Por otro lado, la falta de responsabilidad a menudo conduce a una mentalidad de víctima, en la que las personas se sienten impotentes y desconectadas de su verdadero potencial. Esta mentalidad no solo impide el crecimiento personal, sino que perpetúa un ciclo de desempoderamiento que puede extenderse a varias generaciones.

En esencia, la responsabilidad consiste en reconocer el impacto de nuestras decisiones en nosotros mismos y en los demás. Para ello, se requiere una profunda autoconciencia e introspección para afrontar la realidad de nuestras acciones y sus efectos en cascada. Al asumir la responsabilidad, reconocemos que somos los arquitectos de nuestras propias vidas y que somos capaces de forjar nuestro destino mediante elecciones conscientes. Esta toma de conciencia es liberadora, ya que desplaza el foco de atención de las circunstancias externas a nuestro paisaje interior, donde podemos cultivar las cualidades necesarias para el crecimiento, como la resiliencia, la empatía y la sabiduría.

El camino hacia la responsabilidad suele estar plagado de dificultades. Muchas personas se resisten a seguir este camino por miedo, vergüenza o por la incomodidad que les supone enfrentarse a sus defectos. Esta resistencia puede manifestarse como una tendencia a culpar a los demás o a factores externos de nuestras circunstancias, lo que nos impide promover el cambio. Esta mentalidad de víctima no solo obstaculiza el desarrollo personal, sino que también crea un entorno tóxico en el que se dificulta el crecimiento. Al asumir el papel de víctima, nos convertimos en observadores pasivos de nuestras vidas, a la espera de validación o intervención externa, en lugar de participar activamente en nuestra propia evolución.

Además, los efectos de la falta de responsabilidad van más allá del individuo. En una sociedad en la que muchas personas adoptan esta mentalidad, el progreso colectivo se ve obstaculizado. Cuando la gente se centra en sus quejas, las comunidades se fragmentan y dejan de trabajar juntas para alcanzar objetivos comunes. Esta separación fomenta una atmósfera de resentimiento y culpa, en la que el potencial de curación y crecimiento colectivos quedan eclipsados por una cultura de agravios. En cambio, cuando las personas asumen su responsabilidad, contribuyen a crear un entorno más armonioso y solidario en el que prosperan la colaboración y el respeto mutuo.

Asumir responsabilidades también significa reconocer la interconexión de nuestras acciones. Cada elección que hacemos afecta a la estructura de nuestras relaciones y comunidades. Al reconocer esta interconexión, cultivamos un sentido de empatía y compasión por los demás, comprendiendo que nuestras acciones pueden elevar o disminuir a quienes nos rodean. Esta conciencia nos anima a actuar con intención, fomentando una cultura organizativa que promueva el bienestar colectivo.

Además, la responsabilidad está intrínsecamente ligada al crecimiento espiritual. En general, la espiritualidad requiere una comprensión más profunda de uno mismo y del universo, y este viaje comienza con el reconocimiento de nuestro papel en la gran red de la existencia. Al asumir la responsabilidad de nuestras acciones, nos alineamos con el orden universal y reconocemos que nuestras elecciones contribuyen a un todo mayor. Este alineamiento fomenta un sentido de propósito y significado, y proporciona una vida más satisfactoria y enriquecedora.

En este contexto, asumir responsabilidades puede considerarse una forma de alquimia que transforma nuestras experiencias en valiosas lecciones. A medida que aprendemos a superar las complejidades de la vida con gracia y resiliencia, cada reto que afrontamos se convierte en una oportunidad de crecimiento. Al asumir responsabilidades, cultivamos una mentalidad que busca soluciones en lugar de obsesionarse con los problemas, lo que nos permite superar la adversidad y salir fortalecidos.

En definitiva, no hay que subestimar la importancia de la responsabilidad. Es la base sobre la que construimos nuestras vidas, damos forma a nuestras identidades e influimos en nuestras relaciones. Al asumir la responsabilidad de nuestros actos, recuperamos nuestro poder y nuestra capacidad de actuar, allanando el camino hacia el crecimiento personal y espiritual. Este viaje no está exento de desafíos, pero las recompensas son profundas. Al asumir la responsabilidad, no solo transformamos nuestras propias vidas, sino que también contribuimos al despertar colectivo de la humanidad, promoviendo un mundo en el que las personas tienen el poder de crear un cambio positivo.

Capítulo 16: La trampa del apego

E l apego es una fuerza poderosa en la experiencia humana, a menudo disfrazada de fuente de consuelo y seguridad. Sin embargo, el apego a la validación externa, a las posesiones y a las relaciones puede impedir de forma significativa el crecimiento espiritual. Esta paradoja está en el centro de muchas luchas existenciales, porque la gente quiere conectar, pero también necesita ser independiente. El camino hacia la verdadera felicidad requiere una profunda comprensión del apego y el valor de abandonarlo para abrazar en su lugar los «tres estados de felicidad», que conducen a una existencia más plena.

En el fondo, el apego tiene sus raíces en el miedo a la pérdida y el deseo de control. Cuando nos aferramos a fuentes externas de validación, como los bienes materiales, el estatus social o las relaciones, ponemos inadvertidamente nuestra felicidad en manos de factores inestables. Esta dependencia crea un frágil equilibrio en el que nuestro bienestar emocional depende de las fluctuaciones del mundo exterior. Esta mentalidad no solo fomenta la ansiedad, sino que también ahoga el crecimiento personal, ya que nos vemos atrapados en un ciclo de búsqueda de aprobación y validación por parte de los demás. Lo irónico es que, aunque pensemos que estamos mejorando nuestras vidas a través del apego, en realidad estamos limitando nuestro potencial de realización.

Las consecuencias del apego van más allá de las experiencias individuales y afectan a nuestras relaciones y estructuras sociales. Al dar prioridad a la validación externa, a menudo nos encontramos en relaciones transaccionales que no promueven la transformación. Estas conexiones pueden proporcionar una satisfacción temporal, pero carecen de la profundidad y la autenticidad necesarias para un verdadero crecimiento emocional y espiritual. Al navegar por estas interacciones superficiales, corremos el riesgo de perder de vista nuestro verdadero yo y convertirnos en meros reflejos de las expectativas de los demás. Esta desconexión de nuestro auténtico yo puede provocar sentimientos de vacío y desilusión cuando nos damos cuenta de que la validación que buscamos no es sinónimo de felicidad.

Para liberarnos de la trampa del apego, necesitamos cultivar una comprensión más profunda de nosotros mismos y de nuestros deseos. Este viaje comienza con la introspección, cuando examinamos las motivaciones que se ocultan tras nuestros apegos. ¿Qué buscamos realmente cuando deseamos una validación externa? A menudo, la respuesta está en la búsqueda de conexión, amor y aceptación. Sin embargo, la conexión y el amor verdaderos solo pueden florecer cuando nos desprendemos de la necesidad de validación externa. Al abrazar nuestro valor intrínseco y reconocer que no depende de factores externos, podemos empezar a construir relaciones más profundas y significativas.

Los «tres estados de felicidad» proporcionan un marco para este viaje transformador. El primer estado consiste en reconocer nuestro valor intrínseco, independiente de la validación externa. Este estado nos anima a cultivar el amor propio y la aceptación, y nos permite aceptar nuestras imperfecciones y celebrar nuestra singularidad. El segundo estado implica la práctica de la gratitud, desplazando nuestra atención de lo que nos falta a lo que tenemos. Al apreciar el momento presente y la abundancia que nos rodea, cultivamos un sentimiento de satisfacción que trasciende la necesidad de validación externa. Por último, el tercer estado es la aceptación de la impermanencia, es decir, la comprensión de que todas las cosas son efímeras. Esta toma de conciencia nos permite liberarnos del apego y abrazar el flujo de la vida, lo que nos hace más resistentes y adaptables al cambio.

Sin embargo, no se trata de un acto pasivo: requiere un compromiso activo y la voluntad de afrontar nuestros miedos. El proceso puede resultar incómodo, ya que pone en tela de juicio creencias y pautas de comportamiento muy arraigadas. Sin embargo, es a través de esta incomodidad como podemos experimentar un crecimiento significativo. Al dejar de controlar la validación externa, creamos espacio para nuevas experiencias y oportunidades. Este cambio de perspectiva nos permite afrontar la vida con curiosidad y apertura, en lugar de con miedo y resistencia.

Además, el acto de soltar fomenta una conexión más profunda con el momento presente. Cuando no estamos preocupados por el pasado ni ansiosos por el futuro, podemos comprometernos plenamente con nuestras experiencias y con las personas que nos rodean. Esta presencia mejora nuestras relaciones, ya que estamos más en sintonía con las necesidades y los sentimientos de los demás. En este estado de conexión, cultivamos la empatía y la compasión, enriqueciendo nuestras interacciones y fomentando el sentido de comunidad.

Capítulo 17: La importancia del discernimiento

El discernimiento es una habilidad esencial que actúa como brújula en el complejo paisaje de la experiencia humana. Es la capacidad de percibir y comprender verdades subyacentes que a menudo están ocultas por capas de ilusión creadas por el ego y la mente. La falta de discernimiento no es solo un defecto personal, sino sin duda la principal causa del declive de la humanidad. En un mundo lleno de desinformación, superficialidad y manipulación emocional, la capacidad de discernir lo verdadero de lo falso es esencial para el crecimiento personal y la evolución colectiva.

En esencia, el discernimiento está relacionado con la claridad de pensamiento y la capacidad de tomar decisiones conscientes. Requiere un profundo conocimiento de uno mismo y una comprensión de las propias tendencias y limitaciones. Sin discernimiento, las personas se vuelven vulnerables a las influencias externas, lo que a menudo conduce a creencias y acciones erróneas. Esta vulnerabilidad puede manifestarse de diversas formas, como la adhesión ciega a las normas sociales o la aceptación acrítica de la información presentada por figuras de autoridad. Las consecuencias de esta falta de discernimiento son profundas, pues contribuyen a una cultura de ignorancia y complacencia en la que la gente no se atreve a cuestionar el statu quo, lo que perpetúa ciclos de sufrimiento y desilusión.

El papel del discernimiento es aún más importante en una época de sobrecarga de información. Con la llegada de Internet y las redes sociales, la gente se ve inundada por un flujo constante de datos, opiniones y relatos. En este entorno caótico, la capacidad de filtrar el ruido e identificar lo que es cierto es clave. El discernimiento permite a las personas navegar por este paisaje con confianza, distinguiendo las fuentes fiables de las que pretenden manipular o engañar. Esta habilidad no se limita a filtrar la información, sino que también implica cultivar una mentalidad que valore la verdad y la integridad por encima de la conveniencia y la comodidad.

Además, el discernimiento está intrínsecamente ligado a la inteligencia emocional. La capacidad de comprender y gestionar las emociones es esencial para el discernimiento. Cuando las personas se sienten abrumadas por sus emociones, pueden tener dificultades para ver las situaciones con claridad y, a menudo, acaban reaccionando impulsivamente en lugar de reflexionar. Esta agitación emocional puede nublar el juicio y llevar a tomar decisiones basadas en el miedo, la ira o la incertidumbre, en lugar de en un análisis razonado. Al desarrollar la inteligencia emocional, las personas pueden mejorar su discernimiento, lo que les permite responder a los retos con claridad y serenidad.

El camino hacia un mejor discernimiento también requiere enfrentarse a verdades incómodas. Es necesario cuestionar creencias y suposiciones, incluso las más arraigadas. Este proceso puede resultar difícil, ya que suele implicar enfrentarse a las sombras del ego. Sin embargo, es a través de esta confrontación como se produce el verdadero crecimiento. Al reconocer y tratar las ilusiones creadas por el ego, las personas pueden liberarse del autoengaño y empezar a ver el mundo como realmente es. Esta claridad proporciona una comprensión y una conexión más profundas con uno mismo y con los demás.

Además de promover el crecimiento personal, el discernimiento tiene implicaciones de gran alcance para la sociedad en su conjunto. Una población que discierne está mejor preparada para participar en un diálogo significativo, desafiar los sistemas opresivos y defender la justicia y la igualdad. Cuando las personas tienen la capacidad de ver más allá de la superficie, pueden reconocer la interconexión entre sus experiencias y las de los demás. Esta conciencia fomenta la empatía y la compasión, cualidades esenciales para construir un mundo más armonioso y justo. Por otro lado, la falta de discernimiento puede provocar divisiones y conflictos, ya que las personas se aferran a sus propias perspectivas y son incapaces de ver la validez de otros puntos de vista.

La práctica del discernimiento no es un hecho aislado, sino un viaje continuo. Requiere reflexión, aprendizaje y adaptación constantes. A medida que las personas se enfrentan a nuevas experiencias e información, deben permanecer abiertas a reevaluar sus creencias y suposiciones. Este proceso dinámico de crecimiento es esencial para el desarrollo personal y colectivo. Al comprometerse con la práctica del discernimiento, las personas pueden cultivar una comprensión más profunda de sí mismas y del mundo que las rodea, lo que, en última instancia, conduce a una vida más plena y con más sentido.

Capítulo 18: La trampa del consumismo

En la sociedad actual, el materialismo y el consumismo se han convertido en fuerzas dominantes que moldean nuestros valores, comportamientos y nociones de éxito. La búsqueda incesante de posesiones y estatus a menudo conduce a la insatisfacción espiritual y a un estado perpetuo de insatisfacción. Esta paradoja tiene sus raíces en la creencia de que la felicidad se puede comprar, una noción que en última instancia socava nuestras necesidades más profundas de conexión, propósito y autorrealización. Para evitar esta trampa, es esencial reconocer que la verdadera riqueza y abundancia proceden de un «camino de agradecimiento constante», que promueve un sentido más profundo de realización y alegría.

En el fondo, el materialismo es la creencia de que las posesiones materiales y las comodidades físicas son las principales fuentes de felicidad. Esta mentalidad hace que las personas asocien su autoestima a sus posesiones, creando un ciclo de consumo agotador e insatisfactorio. A medida que acumulan más posesiones, las personas se encuentran en un estado constante de comparación, midiendo su valía con la de los demás y sintiéndose inadecuadas cuando no alcanzan las expectativas. Esta comparación conduce a la insatisfacción, ya que la búsqueda de la próxima gran compra se convierte en una búsqueda interminable que les distrae de los aspectos más significativos de la vida.

El consumismo agrava este problema al promover una cultura de gratificación instantánea. La publicidad y las redes sociales nos bombardean constantemente con mensajes que sugieren que la felicidad está solo a una compra de distancia. Esto crea una falsa sensación de urgencia que lleva a la gente a comprar cada vez más con la esperanza de obtener una satisfacción efímera. Sin embargo, esta satisfacción suele ser efímera y genera un ciclo de deseo y decepción. Cuanto más consumimos, más necesitados nos sentimos, ya que la emoción inicial de la compra desaparece y es sustituida por el deseo del siguiente artículo que promete felicidad.

Las consecuencias del materialismo y el consumismo van más allá de la insatisfacción individual, sino que también tienen profundas implicaciones para la sociedad en su conjunto. Al dar prioridad a las posesiones frente a las relaciones y las experiencias, las personas contribuyen a una cultura que valora la superficialidad por encima de la profundidad. Este cambio de valores puede conducir a una ruptura de la comunidad y la conexión, ya que las personas se aíslan cada vez más en su búsqueda del beneficio personal. El énfasis en la riqueza material fomenta la competencia en lugar de la colaboración, creando un entorno en el que la empatía y la compasión a menudo se ven eclipsadas por la codicia y el interés personal.

Para escapar de la trampa del materialismo, es esencial cultivar una mentalidad de aprecio. La verdadera riqueza no reside en la cantidad de posesiones que poseemos, sino en la calidad de nuestras experiencias y relaciones. Si nos centramos en lo que tenemos en lugar de en lo que nos falta, podemos cambiar nuestra perspectiva y cultivar un sentimiento de gratitud que enriquezca nuestras vidas. Esta práctica nos permite reconocer la abundancia que ya existe dentro de nosotros y a nuestro alrededor, transformando nuestra relación con el mundo material.

La Senda del Agradecimiento Constante nos anima a encontrar la alegría en los placeres sencillos de la vida. Nos invita a saborear los momentos de conexión con los seres queridos, a apreciar la belleza de la naturaleza y a celebrar nuestros pequeños logros. Al adoptar esta mentalidad, cultivamos una sensación de plenitud más profunda que trasciende la satisfacción efímera derivada de los bienes materiales. Este cambio de enfoque no solo mejora nuestro bienestar, sino que también fomenta un mayor sentido de comunidad, ya que empezamos a valorar las conexiones que compartimos con los demás en lugar de las cosas que poseemos.

Además, la práctica de agradecer puede servir de antídoto contra la omnipresente cultura del consumismo. Cuando aprendemos a encontrar la alegría en lo que ya tenemos, somos menos susceptibles a las tácticas de marketing destinadas a manipular nuestros deseos. Esta nueva percepción nos permite tomar decisiones más conscientes sobre nuestro consumo, dando prioridad a las experiencias y las relaciones sobre los bienes materiales. Al alinear nuestros valores con nuestras acciones, podemos crear una vida más significativa y satisfactoria que refleje nuestro verdadero yo.

Además, abrazar el aprecio nos ayuda a reajustar nuestras prioridades y a redefinir nuestra forma de entender el éxito. En lugar de perseguir la riqueza material, podemos centrarnos en cultivar riquezas interiores como el amor, la bondad y la sabiduría. Este cambio de perspectiva proporciona realización personal y contribuye a un mundo más compasivo y conectado. Al valorar las experiencias y las relaciones por encima de las posesiones, fomentamos un sentido de comunidad y de propósito compartido que trasciende la superficialidad del materialismo.

En última instancia, la trampa del materialismo y el consumismo puede superarse adoptando una mentalidad de aprecio y gratitud. Al reconocer las verdaderas fuentes de felicidad y satisfacción, podemos liberarnos del ciclo de deseo y decepción que acompaña a la búsqueda de bienes materiales. Esta transformación no solo enriquece nuestras vidas individuales, sino que también contribuye a una sociedad más equilibrada y armoniosa.

Capítulo 19: La importancia de la soledad

En un mundo que suele glorificar la conectividad constante y la interacción social, a menudo se pasa por alto el valor de la soledad y la introspección. Sin embargo, estas prácticas son esenciales para el crecimiento espiritual y el discernimiento de las verdades universales. La soledad proporciona un santuario en el que el ruido del mundo exterior desaparece y permite que el individuo se concentre en su interior. Es en este espacio de silencio donde podemos enfrentarnos a nuestros pensamientos, emociones y creencias, lo que conduce a un profundo autodescubrimiento. Las respuestas que buscamos suelen estar ya dentro de nosotros, esperando a ser descubiertas mediante la autorreflexión.

La soledad no es simplemente la ausencia de otras personas; es un estado del ser que nos invita a comprometernos profundamente con nosotros mismos. En los momentos de soledad, podemos explorar nuestro paisaje interior, examinar las motivaciones que subyacen a nuestras acciones y las creencias que conforman nuestras percepciones. Este proceso de introspección es crucial para comprendernos a nosotros mismos, ya que nos permite ir más allá de los condicionamientos y las expectativas sociales que a menudo nublan nuestro juicio. Cuando nos tomamos el tiempo para reflexionar, podemos identificar patrones en nuestros pensamientos y comportamientos que quizá ya no nos sirvan, allanando el camino para la transformación.

El camino de la introspección suele comenzar con un sentimiento de incomodidad. Muchas personas temen la soledad, asociándola a un sentimiento de inadecuación. Sin embargo, es en estos momentos de incomodidad cuando podemos crecer de forma más significativa. Al enfrentarnos a nuestros miedos e inseguridades en soledad, creamos una oportunidad para la curación y la autoaceptación. Este proceso requiere valentía, ya que implica enfrentarse a las sombras de nuestra psique, es decir, a las partes de nosotros mismos que podemos haber ignorado o reprimido durante mucho tiempo. Sin embargo, es a través de esta confrontación como podemos integrar estos aspectos en nuestro ser y crear un yo más auténtico y completo.

Además, la soledad nos permite cultivar una conexión más profunda con nuestra intuición. En el ajetreo de la vida cotidiana, es fácil desconectar de nuestra voz interior y confiar en la validación externa y las normas sociales. Sin embargo, cuando abrazamos la soledad, creamos espacio para que surja la intuición. Esta guía intuitiva suele reflejar nuestros verdaderos deseos y aspiraciones, y puede servirnos de brújula para guiarnos por nuestro auténtico camino. Al aprender a confiar en esta voz interior, podemos tomar decisiones de acuerdo con nuestros valores y propósitos, en lugar de sucumbir a la presión del conformismo.

La introspección también es fundamental para reconocer las verdades universales. A medida que profundizamos en nuestro mundo interior, empezamos a descubrir percepciones que trascienden nuestras experiencias individuales. Estas verdades a menudo revelan la interconexión de todos los seres, destacando las luchas y alegrías comunes que nos unen como seres humanos. En momentos de profunda reflexión, nos damos cuenta de que nuestros retos personales no son incidentes aislados, sino parte de un tapiz más amplio de la existencia. Esta percepción estimula la empatía y la compasión, ya que reconocemos que otras personas están recorriendo caminos similares, cada una buscando sus propias respuestas y crecimiento.

Practicar la soledad y la introspección también puede mejorar nuestra inteligencia emocional. Dedicar tiempo a reflexionar sobre nuestras emociones nos permite comprender mejor su origen y sus efectos. Esta conciencia nos permite responder a nuestros sentimientos con atención plena, evitando la reactividad y fomentando relaciones más sanas, tanto con nosotros mismos como con los demás. A medida que aprendemos a navegar por nuestros escenarios emocionales, nos volvemos más adeptos a reconocer las emociones de quienes nos rodean, lo que aumenta nuestra capacidad de empatía y conexión.

Además, la soledad puede servir de poderoso catalizador de la creatividad. En la tranquilidad de nuestra propia compañía, podemos explorar nuestros pensamientos e ideas sin distracciones externas. Este espacio creativo permite el libre flujo de la inspiración, lo que nos permite explorar nuestra creatividad innata y expresarnos con autenticidad. Muchos artistas, escritores y pensadores han descubierto que sus ideas más profundas surgen durante periodos de soledad, cuando pueden dedicarse plenamente a su arte sin interrupciones.

Además, la soledad y la introspección pueden ayudarnos a cultivar una sensación de paz interior y resistencia. Al pasar tiempo a solas, podemos aprender a encontrar la plenitud en nuestra propia compañía, reduciendo nuestra dependencia de fuentes externas de felicidad. Esta fortaleza interior nos permite afrontar los retos de la vida con mayor ecuanimidad, conscientes de que contamos con los recursos necesarios para hacer frente a la adversidad.

En última instancia, mediante la práctica de la soledad y la introspección, podemos descubrir las profundidades de nuestro ser, reconocer verdades universales y cultivar una conexión más profunda con nosotros mismos y con el mundo que nos rodea. Se trata de un camino hacia la autenticidad, la paz interior y la verdadera realización.

Capítulo 20: El camino hacia la iluminación

El camino hacia la iluminación es un camino de profundo significado, marcado por una búsqueda incesante de la verdad que trasciende las limitaciones de los sistemas de creencias convencionales. La verdadera espiritualidad a menudo rompe con los límites del dogma religioso y desafía los fundamentos mismos sobre los que se organizan muchas religiones. Esta rebelión contra las normas establecidas no es solo un acto de desafío, sino una etapa necesaria en la evolución espiritual. Un ser espiritualmente evolucionado es necesariamente un «rebelde», alguien que se atreve a cuestionar, explorar y, en última instancia, redefinir los parámetros de su existencia.

En este viaje, es fundamental comprender que la iluminación no es un destino, sino un proceso continuo de crecimiento y autodescubrimiento. Requiere que las personas se enfrenten a sus propias creencias, prejuicios y miedos, lo que a menudo las conduce a territorios inexplorados de la mente y el espíritu. Este camino es intrínsecamente solitario, ya que la mayoría de la gente permanece atrincherada en la «oscuridad», incapaz o poco dispuesta a comprender las verdades más profundas que yacen más allá de la superficie de sus experiencias cotidianas. La oscuridad representa un estado de ignorancia en el que las personas se guían por el instinto y el condicionamiento social, en lugar de por una realización consciente de su verdadera naturaleza.

En este contexto, el término «oscuridad» no solo se refiere a la falta de conocimiento, sino también a una profunda desconexión con uno mismo y con el universo. Muchas personas pasan por la vida sin cuestionarse nunca la validez de sus creencias o las motivaciones de sus actos. Puede que encuentren consuelo en las estructuras familiares de la religión o en las normas sociales, pero este consuelo suele producirse a costa de un estancamiento espiritual. El camino hacia la iluminación requiere que salgamos de nuestras zonas de confort y cuestionemos las creencias que han dado forma a nuestras identidades. Es a través de este proceso de cuestionamiento e introspección como podemos empezar a disipar las sombras de nuestra ignorancia.

El viaje hacia la iluminación también se caracteriza por la necesidad de autoconciencia. A medida que profundizamos en nuestro mundo interior, descubrimos las capas de condicionamiento que han moldeado nuestras percepciones y experiencias. Esta autorreflexión es fundamental para reconocer los patrones de pensamiento y comportamiento que ya no nos sirven. Es en este espacio de introspección donde podemos enfrentarnos a nuestros miedos, inseguridades y apegos, lo que nos lleva a una mayor comprensión de nosotros mismos y de nuestro lugar en el universo. Las respuestas que buscamos suelen estar ya dentro de nosotros, esperando a ser descubiertas a través de este proceso de autoconocimiento.

El camino hacia la iluminación también requiere que nos enfrentemos a la soledad. En un mundo que suele dar prioridad a la validación externa y a la interacción social, la soledad puede parecer desalentadora. Sin embargo, es en la soledad donde podemos conectar de verdad con nuestro interior, libres de las distracciones y expectativas del mundo exterior. Esta conexión fomenta un sentido de claridad y propósito, y nos permite alinear nuestras acciones con nuestros verdaderos valores y aspiraciones. Los conocimientos adquiridos durante estos momentos de soledad pueden servirnos de guía en nuestro viaje, iluminando el camino que tenemos por delante y ayudándonos a navegar por las complejidades de la existencia.

A medida que avanzamos en este camino, puede que nos enfrentemos a la resistencia de quienes nos rodean. Esta resistencia suele estar motivada por el miedo, ya que las personas se enfrentan a la incomodidad de enfrentarse a sus propias limitaciones. Sin embargo, es importante reconocer que esta resistencia no refleja nuestra valía o validez, sino que es un testimonio del poder transformador de nuestro viaje. Si nos mantenemos firmes en nuestra búsqueda de la verdad, podemos inspirar a otros para que emprendan sus propios caminos de autodescubrimiento y provocar un efecto dominó de iluminación que trasciende las experiencias individuales.

Además, el camino hacia la iluminación implica cultivar la compasión y la empatía. A medida que profundizamos en nuestra propia naturaleza, empezamos a comprender la interconexión que existe entre todos los seres. Esta comprensión genera un sentido de responsabilidad y un deseo de aliviar el sufrimiento de los demás. Al abrazar la compasión, podemos crear un mundo más armonioso y justo en el que se valore y se dé prioridad al bienestar de todos. Este cambio de perspectiva no solo enriquece nuestras propias vidas, sino que también contribuye a la evolución colectiva de la humanidad.

En última instancia, el camino hacia la iluminación es un viaje profundamente personal que nos desafía a enfrentarnos a nuestros miedos, a cuestionar nuestras creencias y a aceptar lo desconocido. Mientras lo recorremos, podemos sentirnos aislados o incomprendidos, pero es importante recordar que esta soledad forma parte del proceso. Las recompensas de la iluminación (un mayor conocimiento de uno mismo, conexiones más profundas con los demás y una comprensión más profunda del universo) superan con creces los retos que podamos encontrar en el camino. Al emprender este viaje, desbloqueamos el potencial de una existencia más significativa, plena e iluminada.

Glosario de términos

Apego: Una fuerza poderosa en la experiencia humana, a menudo disfrazada de fuente de consuelo y seguridad. Arraigado en el miedo a la pérdida y el deseo de control, conduce a un ciclo de búsqueda de validación y posesiones externas, obstaculizando el crecimiento espiritual. Atención plena: Práctica que consiste en tomar conciencia del momento presente, lo que permite a las personas observar sus pensamientos y emociones sin juzgarlos. Fomenta una conexión más profunda con los propios pensamientos y sentimientos, lo que permite responder a los retos con claridad y serenidad. Autoconciencia: capacidad de reconocer y comprender las propias emociones, fortalezas, debilidades, pensamientos, creencias y motivaciones. Fomenta una comprensión más profunda de nuestro paisaje emocional y aumenta nuestra capacidad para conectar con los demás. Karma: Ley espiritual que encarna la idea de que nuestras acciones, pensamientos e intenciones crean ondas que se extienden mucho más allá de nuestras circunstancias inmediatas. Enfatiza la importancia de la atención plena en nuestras acciones, ya que debemos considerar las posibles consecuencias de nuestras elecciones. Conciencia colectiva: conjunto de creencias, pensamientos y percepciones compartidas por un grupo o sociedad, que dan forma a la realidad colectiva. Los cambios en la conciencia colectiva pueden dar lugar a profundas transformaciones sociales.Conciencia: Es una fuerza activa que influye en nuestras percepciones, elecciones y experiencias. Trasciende las limitaciones del pensamiento lineal y proporciona una visión más amplia de la existencia, fomentando un sentimiento de unidad con el universo.Creencias: fuerzas poderosas que moldean nuestras percepciones y, en última instancia, influyen en nuestra realidad. Actúan como lentes a través de las cuales interpretamos nuestras experiencias e influyen en nuestros pensamientos, emociones y acciones.Discernimiento: La capacidad de percibir y comprender las verdades subyacentes, a menudo ocultas bajo las capas de ilusión creadas por el ego y la mente. Requiere una profunda autoconciencia y la comprensión de los propios prejuicios y limitaciones.Ego: Una construcción mental que busca crear un sentido de identidad y separación de los demás. Se nutre de la comparación, la competencia y la necesidad de validación externa, lo que a menudo conduce a una percepción distorsionada de la realidad.Equilibrio emocional: es la capacidad de gestionar eficazmente las emociones para mejorar el bienestar individual y promover relaciones más sanas. Implica reconocer y manejar las emociones sin dejarse abrumar por ellas.Espiritualidad: es una fuerza orientadora que anima a las personas a buscar una conexión más profunda consigo mismas y con el universo. Sirve como herramienta para expandir la conciencia y trascender las limitaciones del pensamiento lineal.Ignorancia: Una falta de percepción que puede llevar a una percepción distorsionada de la realidad, en la que los individuos están desconectados de su verdadero yo y del mundo que les rodea.

Suele disfrazarse de conocimiento y puede conducir a un estado de desilusión y desesperación.Iluminación: Un profundo estado de crecimiento espiritual y autodescubrimiento que trasciende las limitaciones de los sistemas de creencias convencionales. Es un proceso continuo de crecimiento y autodescubrimiento que requiere que las personas se enfrenten a sus propias creencias, prejuicios y miedos.Imaginación: Una fuerza que da forma a nuestra realidad y actúa como puente entre lo abstracto y lo tangible. Nos permite trascender las limitaciones del entorno inmediato y explorar reinos del pensamiento que de otro modo serían inaccesibles.Introspección: el proceso de examinar los propios pensamientos, sentimientos y comportamientos sin juzgarlos. Es una herramienta poderosa que puede facilitar el autodescubrimiento y el crecimiento personal.Libre albedrío: el concepto de que los individuos tienen el poder de tomar decisiones independientes. El verdadero libre albedrío está estrechamente vinculado al concepto de responsabilidad, que implica reconocer el peso de las elecciones y sus consecuencias.Materialismo: La creencia de que las posesiones materiales y la comodidad física son las principales fuentes de felicidad. Esta mentalidad hace que las personas equiparen su autoestima con la cantidad de sus posesiones, creando un ciclo de consumismo agotador e insatisfactorio.Responsabilidad: El vínculo entre nuestros actos y sus consecuencias. Asumir la responsabilidad de nuestros actos es un proceso transformador que nos permite dominar lo que escapa a nuestro control, fomentando un sentido de agencia en nuestras vidas.Sabiduría: Conocimiento aplicado de forma significativa y derivado de la experiencia vital. La integración del conocimiento y la experiencia permite a los individuos desarrollar una comprensión más profunda de sí mismos y del mundo.Soledad: Un estado del ser que nos invita a implicarnos profundamente con nosotros mismos. Es un santuario en el que desaparece el ruido del mundo exterior, lo que permite al individuo centrarse en sí mismo y enfrentarse a sus pensamientos, emociones y creencias.Sueños: actúan como puente entre la mente consciente y la inconsciente, ofreciendo percepciones y revelaciones que no están disponibles durante el estado de vigilia. Proporcionan una oportunidad única para la autoexploración, permitiendo a las personas enfrentarse a sus miedos, deseos y problemas no resueltos en un entorno seguro.Tres estados de felicidad: un marco para navegar por el camino de la liberación del apego. Este marco incluye el reconocimiento del valor inherente, la práctica de la gratitud y la aceptación de la impermanencia.

Solicitud de Reseña de Libro

E stimado lector,

Gracias por comprar este libro. Me encantaría tener noticias suyas. Escribir una reseña de un libro nos ayuda a entender a nuestros lectores y también influye en las decisiones de compra de otros lectores. Su opinión es importante. Por favor, escriba una reseña del libro. Agradecemos su amabilidad.

Sobre el autor

Dan Desmarques es un autor de renombre con una notable trayectoria en el mundo literario. Con una impresionante cartera de 28 bestsellers en Amazon, entre ellos ocho números 1, Dan es una figura respetada en el sector. Gracias a su formación como profesor universitario de escritura académica y creativa, así como a su experiencia como consultor empresarial experimentado, Dan aporta una combinación única de conocimientos a su trabajo. Sus profundas ideas y su contenido transformador atraen a un amplio público y abarcan temas tan diversos como el crecimiento personal, el éxito, la espiritualidad y el sentido profundo de la vida. A través de sus escritos, Dan anima a los lectores a liberarse de sus limitaciones, dar rienda suelta a su potencial interior y embarcarse en un viaje de autodescubrimiento y transformación. En un mercado tan competitivo como el de la autoayuda, el excepcional talento de Dan y sus inspiradoras historias lo convierten en un autor sobresaliente, que motiva a los lectores a interesarse por sus libros y emprender un camino de crecimiento personal e iluminación.

También escrito por el autor

1. 66 Days to Change Your Life: 12 Steps to Effortlessly Remove Mental Blocks, Reprogram Your Brain and Become a Money Magnet

2. A New Way of Being: How to Rewire Your Brain and Take Control of Your Life

3. Abnormal: How to Train Yourself to Think Differently and Permanently Overcome Evil Thoughts

4. Alignment: The Process of Transmutation Within the Mechanics of Life

5. Audacity: How to Make Fast and Efficient Decisions in Any Situation

6. Beyond Illusions: Discovering Your True Nature

7. Beyond Self-Doubt: Unleashing Boundless Confidence for Extraordinary Living

8. Breaking Free from Samsara: Achieving Spiritual Liberation and Inner Peace

9. Breakthrough: Embracing Your True Potential in a Changing World

10. Christ Cult Codex: The Untold Secrets of the Abrahamic Religions and the Cult of Jesus

11. Codex Illuminatus: Quotes & Sayings of Dan Desmarques

12. Collective Consciousness: How to Transcend Mass Consciousness and Become One With the Universe

13. Creativity: Everything You Always Wanted to Know About How to Use Your Imagination to Create Original Art That People Admire

14. Deception: When Everything You Know about God is Wrong

15. Demigod: What Happens When You Transcend The Human Nature?

16. Discernment: How Do Your Emotions Affect Moral Decision-Making?

17. Design Your Dream Life: A Guide to Living Purposefully

18. Eclipsing Mediocrity: How to Unveil Hidden Realities and Master Life's Challenges

19. Energy Vampires: How to Identify and Protect Yourself

20. Fearless: Powerful Ways to Get Abundance Flowing into Your Life

21. Feel, Think and Grow Rich: 4 Elements to Attract Success in Life

22. Find Your Flow: How to Get Wisdom and Knowledge from God

23. Hacking the Universe: The Revolutionary Way to Achieve Your Dreams and Unleash Your True Power

24. Holistic Psychology: 77 Secrets about the Mind That They Don't Want You to Know

25. How to Change the World: The Path of Global Ascension Through Consciousness

26. How to Get Lucky: How to Change Your Mind and Get Anything in Life

27. How to Improve Your Self-Esteem: 34 Essential Life Lessons Everyone Should Learn to Find Genuine Happiness

28. How to Study and Understand Anything: Discovering The Secrets of the Greatest Geniuses in History

29. How to Spot and Stop Manipulators: Protecting Yourself and Reclaiming Your Life

30. Intuition: 5 Keys to Awaken Your Third Eye and Expand Spiritual Perception

31. Karma Mastery: Transforming Life's Lessons into Conscious Creations

32. Legacy: How to Build a Life Worth Remembering

33. Master Your Emotions: The Art of Intentional Living

34. Mastering Alchemy: The Key to Success and Spiritual Growth

35. Metanoia Mechanics: The Secret Science of Profound Mental Shifts

36. Metamorphosis: 16 Catalysts for Unconventional Growth and Transformation

37. Mindshift: Aligning Your Thoughts for a Better Life

38. Mind Over Madness: Strategies for Thriving Amidst Chaos

39. Money Matters: A Holistic Approach to Building Financial Freedom and Well-Being

40. Quantum Leap: Unleashing Your Infinite Potential

41. Religious Leadership: The 8 Rules Behind Successful Congregations

42. Reset: How to Observe Life Through the Hidden

Dimensions of Reality and Change Your Destiny

43. Resilience: The Art of Confronting Reality Against the Odds

44. Raise Your Frequency: Aligning with Higher Consciousness

45. Revelation: The War Between Wisdom and Human Perception

46. Spiritual Anarchist: Breaking the Chains of Consensual Delusion

47. Spiritual DNA: Bridging Science and Spirituality to Live Your Best Life

48. Spiritual Warfare: What You Need to Know About Overcoming Adversity

49. Starseed: Secret Teachings about Heaven and the Future of Humanity

50. Stupid People: Identifying, Analyzing and Overcoming Their Toxic Influence

51. Technocracy: The New World Order of the Illuminati and The Battle Between Good and Evil

52. The 10 Laws of Transmutation: The Multidimensional Power of Your Subconscious Mind

53. The 14 Karmic Laws of Love: How to Develop a Healthy

and Conscious Relationship With Your Soulmate

54. The 33 Laws of Persistence: How to Overcome Obstacles and Upgrade Your Mindset for Success

55. The 36 Laws of Happiness: How to Solve Urgent Problems and Create a Better Future

56. The Alchemy of Truth: Embracing Change and Transcending Time

57. The Altruistic Edge: Succeeding by Putting Others First

58. The Antagonists: What Makes a Successful Person Different?

59. The Antichrist: The Grand Plan of Total Global Enslavement

60. The Art of Letting Go: Embracing Uncertainty and Living a Fulfilling Life

61. The Awakening: How to Turn Darkness Into Light and Ascend to Higher Dimensions of Existence

62. The Egyptian Mysteries: Essential Hermetic Teachings for a Complete Spiritual Reformation

63. The Dark Side of Progress: Navigating the Pitfalls of Technology and Society

64. The Evil Within: The Spiritual Battle in Your Mind Deception: When Everything You Know about God is

Wrong

65. The Game of Life and How to Play It: How to Get Anything You Want in Life

66. The Hidden Language of God: How to Find a Balance Between Freedom and Responsibility

67. The Mosaic of Destiny: Deciphering the Patterns of Your Life

68. The Most Powerful Quotes: 400 Motivational Quotes and Sayings

69. The Secret Beliefs of The Illuminati: The Complete Truth About Manifesting Money Using The Law of Attraction That is Being Hidden From You

70. The Secret Empire: The Hidden Truth Behind the Power Elite and the Knights of the New World Order

71. The Secret Science of the Soul: How to Transcend Common Sense and Get What You Really Want From Life

72. The Spiritual Laws of Money: The 31 Best-kept Secrets to Life-long Abundance

73. The Spiritual Mechanics of Love: Secrets They Don't Want You to Know about Understanding and Processing Emotions

74. The Universal Code: Understanding the Divine Blueprint

75. The Unknown: Exploring Infinite Possibilities in a Conformist World

76. The Narcissist's Secret: Why They Hate You (and What to Do About It)

77. Thrive: Spark Creativity, Overcome Obstacles and Unleash Your Potential

78. Transcend: Embracing Change and Overcoming Life's Challenges

79. Uncharted Paths: Pursuing True Fulfillment Beyond Society's Expectations

80. Uncompromised: The Surprising Power of Integrity in a Corrupt World

81. Unacknowledged: How Negative Emotions Affect Your Mental Health?

82. Unapologetic: Taking Control of Your Mind for a Happier and Healthier Life

83. Unbreakable: Turning Hardship into Opportunity

84. Uncommon: Transcending the Lies of the Mental Health Industry

85. Unlocked: How to Get Answers from Your Subconscious

Mind and Control Your Life

86. Why do good people suffer? Uncovering the Hidden Dynamics of Human Nature

87. Your Full Potential: How to Overcome Fear and Solve Any Problem

88. Your Soul Purpose: Reincarnation and the Spectrum of Consciousness in Human Evolution

Acerca del editor

Este libro fue publicado por 22 Lions Publishing.

www.22Lions.com

Printed in the USA
CPSIA information can be obtained
at www.ICGtesting.com
CBHW051230151124
17428CB00006B/805

9 798330 519965